戦争の論理

日露戦争から太平洋戦争まで

加藤陽子
KATO YOKO

keiso shobo

はじめに

1　歴史家の役割とは

オックスフォード大学の哲学教授であり、歴史哲学の名著『歴史の観念』(1)の著者でもあるコリングウッドは、歴史家の仕事を「歴史の闇に埋没した作者の問いを発掘することである」と定義した。(2)歴史上一定の時代に現れ、創られる多くの制度や組織や論理は、なぜその時代に現れ、創られたのだろうか。あるいは、その時代に生きた人々は、何のためにそのような制度や組織や論理を創ろうと考えたのだろうか。制度や組織や論理を創りあげた「作者」たちの思索の跡を、現在の地点から考察していくのが歴史家にほかならない、とコリングウッドは述べていたのである。

ならば歴史家は、昔の人々の思索の跡を検討の対象にすればよく、それはとても簡単なことのように思われる。だが、コリングウッドは「作者の問い」の上に「歴史の闇に埋没した」との形容句をわざわざ付していた。「歴史の闇に埋没した」とは何を意味するのだろうか。優れた定義は必要十分な語句から構成されるものだから、この形容句は単なる修辞のために付されたものではないはずだ。そこで、「作者の問い」が「歴史の闇に埋没」するような地すべり的な事態は、いかなる時に起こるのか、まずはそれを考えてみよう[3]。それはおそらく、自然災害・画期的な発見・戦争などの前と後で、人々の認識がパラダイム変化を起こすことによって、それまで当たり前のこととしてその時代に生きた人であるならば理解可能な「作者の問い」＝思索の跡が、決定的に忘却され、理解不能となる瞬間、ということになるだろう。

2　日露戦争を例として

よって歴史家は、人類に甚大な損害をもたらす自然災害の前後、宗教・思想・学問上の画期的な進歩や発見がなされた前後、膨大な犠牲を強いる一方で富や土地を一時的にはもたらしたりする戦争の前後で、忘れ去られた「作者の問い」が何であったのかを一つ一つ追体験しながら思い出すという、非常に困難な作業を背負うことになる。その場合、最も難しい対象の一つが、パラダイムの変化をもたらす要因の一つとしての戦争、その戦争にかかわる制度や組織や論理を創った「作者」たちの思索の跡であることは、容易に想像できるだろう。

日露戦争を例として考えてみよう。床屋談義のレベルでよくなされる歴史問答に、日露戦争期まで合理的であった日本があるいは日本の軍部が、なぜ昭和になると駄目になったのか、というものがある[4]。よくなされる答えは、日本の軍部が日露戦争の勝利に驕り成功体験に慢心したから、というものだ。こうした、歴史小説や歴史評論によくみられる説明は、昭和戦前期の軍部を痛烈に批判するその良心的な姿勢ともあいまって国民に広く受入れられている。だが、事はそれほど簡単なのだろうか。

勝利に驕り慢心した、とされるその原初の段階から確認しておきたい。日本海海戦において日本側が採用した戦術や戦闘の経過は、戦争の直後において正確に記録され後世に伝えられたのだろうか。まずはそこが問題となる。東郷平八郎の指揮を支えた作戦参謀・秋山真之は、アメリカとイギリスに留学経験があり、戦術思想と海戦史研究の重要性に自覚的であった。秋山は、事後の問題点点検のためにも、戦闘に参加した人々の論功行賞のためにも、作戦に参加した艦艇に機密日誌作成を義務化していたほどである[5]。野村實氏によって一九八二（昭和五七）年に明らかにされるまで[6]一般にはほとんど知られてこなかったが、海軍は、一九一一（明治四四）年に公刊された『明治三十七八年海戦史』（以下、普及版『海戦史』と略記）全四冊の他に、その前年に、極秘・部外秘の一四七冊にのぼる『明治三十七八年海戦史』（以下、極秘版『海戦史』と略記）の編纂を完了していた。しかし、この一四七冊に書かれた内容は、決して海軍部外には出ることはなかった。

極秘版『海戦史』と普及版『海戦史』を詳細に比較検討した田中宏巳氏によれば、極秘版『海戦史』の記述からは、日露戦後一人歩きを始める戦勝理由、すなわち敵前大回頭後三〇分だけの砲撃でバルチック艦隊が潰滅した、との大艦巨砲主義はとうてい導き出せないという[7]。極秘版『海戦史』

を読めば、主力艦と巡洋艦隊が丁字と乙字の戦法でバルチック艦隊を攻撃し、その後の水雷艇隊と駆逐隊による雷撃が勝敗を決した、との正確な理解に自然に到達できる。しかしながら、一九一六（大正五）年以降、海軍内部において戦史の取扱い規則が厳しくなり、極秘版『海戦史』は海軍大学教官くらいしか自由に見ることがかなわなくなった。そうして、同時代の人間には当然のことと考えられていた「常識」(8)も、急速に忘却されることになる。

以上の事例は我々に、そもそも日本海海戦の戦勝の理由が、日露戦争後わずか五年の時点で正確に後世に伝えられていなかったことを教える。戦史に対する戦後の秘密主義が、「作者の問い」を原初の段階で歴史の闇に埋没させたのである。この場合の「作者」とは、秋山や東郷のことであり、「問い」とは、いかなる方略ならばロシア艦隊に勝てるのか、またその方略はどこまで正しかったのか、というものだった。

3　戦争のパラダイム変化

このように、勝利に驕り慢心した、との評価とは別の事態が進行していたのである。次に考えるべきは、戦史に対する海軍部内の秘密主義がなぜ生じたのかという問題である。そこで参考になるのは、極秘版『海戦史』だけに所収された秋山真之の書翰である。秋山は、乃木希典率いる陸軍第三軍に一日も欠かさず書翰を送っていた(9)。

いわく「実に二〇三高地の占領如何は大局より打算して、帝国の存亡に関し候へば是非是非決行を望む（中略）旅順の攻略に四、五万の勇士を損するも左程大なる犠牲にあらず、彼我ともに国家存亡の関する所なればなり」（一九〇四年一一月三〇日付）。いわく「二〇三高地は旅順の天王山と云ふよりは日露戦争の天王山」（同年一二月二日付）。秋山は、国家存亡や天王山といった語句で旅順攻略の重要性を訴えていた。その後、陸軍第三軍が旅順港内に向けたロシア艦艇砲撃に成功したとの報に接すると秋山は、「バ艦隊も旅順艦隊の合同を得るにあらざれば、我に対し十分の優勢位置に立つ能はず、従て攻勢を取るの余力無く海上を制圧するの望もなし」（一二月四日付）と書いている。旅順艦隊に合流できないバルチック艦隊では、日本海軍に対する攻勢をとることは難しいとして、日本側の勝てる目途がついたことを、秋山は殊のほか喜んだ(10)。

連合艦隊司令部と陸軍第三軍とのこうした手紙の往復は当然のことながら普及版『海戦史』には載っていない。極秘版『海戦史』だけに秘匿された理由の一つは、陸軍への対抗心という動機であったろう。もともと参謀本部は、開戦前の計画にはなかった遼東半島南部の旅順攻略という支作戦などに貴重な兵員と武器弾薬を割きたくないと考えていた。まして第三軍の任務は陸軍の満洲軍主力からは離れた独立任務となり、その攻略には海軍との連携の必要性も予想された。攻城材料も野戦軍とは異なるはずであった。陸軍側は旅順攻略に躊躇していたのである(11)。消極的な陸軍を督励し、膨大な犠牲を払わせて二〇三高地を奪取させたのが海軍であったという事実は、陸軍への負い目の感覚とともに、海軍としては、できれば忘れたい事実であったろう。

ただ、陸海軍の組織対立だけからこの問題を説明するには無理がある。極秘版『海戦史』だけに旅順をめぐる陸海軍の共同作戦の実態が書かれ、普及版には載らなかった根本的な理由は、同時代の人々が、陸海共同作戦の画期的な意義に気づかなかったこと、そのこと自体にあったのではないか。戦争の概念がそれまでのものとは大きく変わってしまった瞬間、すなわちパラダイム変化を起こした瞬間を、当事者以外の人間が自覚することは難しい。秋山が第三軍に宛て「二〇三高地は旅順の天王山と云ふよりは日露戦争の天王山」と表現したのは、まさに当事者ゆえの実感であり誇張ではなかったが、事の重要性は、多くの人間に自覚されたわけではなかった。

陸と海の戦争が入り混じっていた点に日露戦争の画期的特徴をみて、そこに新しい二〇世紀の戦略の最初の段階をみようとした見解は、日露戦争後、興味ぶかいことにロシアの軍事史研究者のなかにみられた。[12] ロシアにおいて日露戦争の新しさに気づいたのは、ロシア参謀本部アカデミー在学中に日露戦争が勃発し、志願して出征した戦略家スヴェーチンであった。横手慎二氏の研究によれば、スヴェーチンが一九三七年に書いた『最初の段階にある二〇世紀の戦略――一九〇四年から一九〇五年の陸海における戦争計画と作戦』には、次のような分析があるという。[13] スヴェーチンは、日本側が一八七〇年の普仏戦争時代のモルトケ的な大陸型軍事戦略とは異なる、独自の戦略を創造していた点に注目していた。[14]

日本の計画の核心は、異なるカテゴリーの軍、つまり陸軍と海軍を協調させることに向けられていた。この協調によって、何よりも、大陸戦略の基本をなす、軍の力の同時的利用という考えを拒否することになった。日本軍の展開は同時的なものではなく、階梯的で、陸と海の行動の協調を本質とするものであった。

旅順の攻防を陸軍の要塞戦としてみるのではなく陸海軍の共同作戦とみて、そこから、モルトケ的な従来の大陸型戦略とは異なる日露戦争の新たな特質をみようとしていることがわかる。以上みてきたように、日露戦争で戦争のパラダイムは大きく変化していた。そのような場合、たとえ意識的に隠そうとしなくとも、「作者の問い」が歴史の闇に埋没してしまう場合が往々にあったことが容易に想像される。

4　本書が対象とするもの

ここまで、近年著された日露戦争に関する優れた論考を紹介しながら、やや詳しく、パラダイム変化をもたらす要因の一つとしての戦争、その戦争そのものにかかわる制度や組織や論理を創った「作者」たちの思索の跡を発掘するのにともなう困難について述べてきた。しかし、他人の研究に依拠するだけで議論を進めるのは問題だ。そろそろ出発の時がきたようだ。戦争にかかわる作者たちの問いを発掘しに出かけることとしよう。本書は一〇章からなっており、時期的には日露戦争から太平洋戦争期を対象としている。前方に横たわる問題のうち、いくつかの問いをここで披露しておこう。

日露戦争前において、為政者や国民のかなりの部分が対露宥和論であったことはよく知られている。しかしながら、開戦直前あるいは直後の時期においても、消極的なままであったわけではない。朝鮮問題の解決が現実に開戦前の日露交渉の話題であったとしても、朝鮮問題を掲げただけでは列強からの好意的な援助と外債引き受けは期待できなかったはずである。そうしたなかにあって、積極論へと国論を転換し、戦争正当化の論理の「作者」となった小川平吉と朝河貫一の議論を取り上げた（第三章）。

二大政党制時代の政友会を率いた総裁の一人に田中義一がいる。政友会を二大政党制時代に適合的な政党になるよう改革の鉈をふるったのは知謀に長けた横田千之助だった。田中を総裁に擁立した者こそはこの横田にほかならない。それでは、横田は軍人政治家・田中の何を買ったのだろうか。横田という「作者」が、田中をなぜ政友会総裁に擁立しようと考えたのか、それを「問い」として発掘したい。日露戦後、陸軍の長老・寺内正毅の反対を押し切って田中が進めた在郷軍人会の大衆化のプロセスが描かれることになる（第二章）。

第一次大戦後の日本においては、対外的危機意識と相まって国内改造要求が現れた。パリ講和会議後、なぜ北一輝は、中国とアメリカに挟撃される日本のイメージを抱き、国内改造を強く迫るようになるのだろうか。それは講和会議の席上沈黙しがちな日本外交への失望というレベルの問題ではなかった。対外的危機意識が国内改造要求に転化する過程を大戦中の五年間に探りたい（第四章）。

昭和戦前期において、政治集団が決定的に「革新」派化したのは、浜口雄幸内閣期におけるロンドン海軍軍縮条約をめぐってであった。不戦条約を基礎として海軍軍縮会議を開催した英米の考え方と完全に一致していた宮中グループや内閣に対して、加藤寛治海軍軍令部長は、いかなる論理で内閣に対抗しうると考えたのだろうか。明治憲法第一二条の「編制と常備兵額」から兵力量を考えていた内閣に対して、ワシントン会議後の一九二三年に改定されていた帝国国防方針の「所要兵力量」から兵力量を考えていた加藤の論理を明らかにする（第五章）。

太平洋戦争の敗戦に際して、日本政府は当初、海外にあった軍人や民間人を帰還させることは非常に困難であるとして現地自活方針を考えていた。しかし、結果的に、一九四六年五月までに中国から帰還できた軍人と民間人は、累計で一六六万人を超え、八割を超える人々が敗戦後一年もたたないうちに帰還を果たせた。アメリカや中国は冷戦の開始期においてなぜ日本人の引揚げを急ごうとしたのだろうか。あるいは、なぜ迅速な引揚げは可能となったのだろうか（第九章）。

いずれにせよ、戦争にかかわる政治主体が制度や組織や論理をいかに創りあげていったのか、その問題がすべての章で論じられている。

注

（1） 初版はR・G・コリングウッド（一八八九〜一九四三）の死後、一九四六年に出版された。改

訂版がR. G. Collingwood, *The Idea of History* (Oxford University Press, 1993). 邦訳は、小松茂夫・三浦修共訳『歴史の観念』紀伊國屋書店、二〇〇二年。

（2）間宮陽介『丸山眞男　日本近代における公と私』筑摩書房、一九九九年、六〇〜六一頁。引用部分は、R・G・コリングウッド、玉井治訳『思索への旅』未来社、一九八一年や、『歴史の観念』を深く読み込んだ上で、間宮氏自身が的確にまとめたものである。

（3）戦争をパラダイムの変化と結び付けて最初に語ったのは、有馬学「戦争のパラダイム――斎藤隆夫のいわゆる『反軍』演説の意味」、『比較社会文化』第一号（一九九五年）。

（4）司馬遼太郎は、日露戦争までは合理的な精神で戦われたのに、なぜ太平洋戦争ではそうならなかったのかを考え続けた作家の一人だった。これについて松本健一氏は、「合理的精神と気概をもった日露戦争当時の日本人が、なぜ太平洋戦争という『愚かな戦争』をしなければならなかったのかというのが、司馬遼太郎の鬱懐であった」と述べる。『司馬遼太郎　司馬文学の「場所」』学研M文庫、二〇〇一年。

（5）秋山真之についての記述は、すべて田中宏巳『秋山真之』吉川弘文館、二〇〇四年。秋山は一九〇一年公布の『海軍要務令』を一一年改定したが、改定版の第七四項として、機密日誌作製を義務づける項目を新設している。

（6）野村實『日本海海戦の真実』講談社、一九九九年、二三〜二五頁。

（7）前掲、田中『秋山真之』二〇一〜二〇三頁。

（8）田中宏巳氏は、水雷艇と駆逐艇の重要性を自覚していた同時代的な「常識」の例として、一九一四（大正三）年頃の文部省唱歌「日本海海戦」の歌詞を挙げている。同前書、二〇二〜二〇三頁。

（9）備考文書に所収されている。秋山は、陸軍第三軍随従の海軍中佐岩村団次郎に宛て、毎日書翰を送っていた。乃木軍を督励するためであった。前掲、田中『秋山真之』一八二頁。

（10）ここに引用した書翰は、すべて、前掲、田中『秋山真之』一八二〜一八四頁からの再引用。
（11）黒野耐『参謀本部と陸軍大学校』講談社、二〇〇四年、一三三頁。
（12）この日露戦争の軍事史的研究の重要なポイントについての指摘は、横手慎二「日露戦争に関する最近の欧米の研究」、軍事史学会編『軍事史学　日露戦争（一）国際的文脈』錦正社、第四〇巻第二・三合併号（二〇〇四年一二月）。
（13）前掲、横手論文、二八五頁。
（14）同前。スヴェーチンは、ソヴィエト政権が帝政期に活躍した技術官僚を敵視するようになったことで、一九三一年二月逮捕されている。満洲事変が勃発すると、その日露戦争に関する研究の成果ゆえに一時的に特別に釈放された。しかし三七年逮捕され、翌年処刑されている。前掲、横手論文、二八四頁。

戦争の論理／目次

はじめに

第一章　軍の論理を考える

1　陸軍の政治力の源泉

昭和戦前期の日本において陸軍が有していた政治力の大きさは、もはや神話や伝説の域に達しているといってよいかもしれない。それだけに、旧軍が解体して六〇年たった今、その政治力の内実について歴史的に厳密な検討を加えることには意味があろう。ここで仮に、陸軍の政治力には、たしかに大きなものがあったのだと仮定して話をすすめると、それではなぜ陸軍はそのような政治力を持てたのか、との疑問が生ずる。筆者はかつてその理由の一つの筋道を、わが国の徴兵制度から考えたことがある。(1)

徴兵制は、一八七二（明治五）年一一月二八日付で「本邦古昔ノ制ニ基キ海外各国ノ式ヲ斟酌シ」

た兵制を建てると謳った「全国徴兵ノ詔」と、同日付で「世襲坐食ノ士ハ其禄ヲ減シ刀剣ヲ脱スルヲ許シ四民漸ク自由ノ権ヲ得セシメン」と謳った太政官告諭に基づき、翌年一月一〇日の徴兵令によってスタートした。数度の改正を経て、代人料・免役制・猶予制にあたる条項は次第に消えていき、一八八九（明治二二）年二月一一日に発布された大日本帝国憲法においては、「日本臣民ハ法律ノ定ムル所ニ従ヒ兵役ノ義務ヲ有ス」（第二〇条）[2]と定められ、戸籍法の適用を受ける成年男子に兵役の義務があるとされた。[3]

このように考えてくれば、第一に、徴兵制は国民と陸軍を結ぶ窓口の役割を果たしたといえるだろう。たとえば、大正期から昭和初年にかけての陸軍は、毎年一〇万程度の現役兵を徴集して入営させていた。また、入営しなくとも、壮丁への徴兵検査や在郷軍人への点呼・召集を通じて、陸軍は海軍などに比べて国民と接触する機会を広く持続的に持っていた組織であった。宇垣一成はその点をよく自覚しており、陸軍大臣時代の一九二五（大正一四）年五月一三日の日記に次のような見方を記している。[4]

対地方の国防、軍事の宣伝は勿論必要である。乍レ併年々手許に於て教養する十数万の士卒に対する宣伝即ち彼等に真意義を理解せしめて郷党に帰すことが先決であり、亦効果の多き方法である。外のみを見て内を顧みざるの通弊に陥らざること肝要なり。

一行目の冒頭にある「地方」という単語は、軍隊からみた場合の一般社会を指す言葉である。社会への宣伝も大切だが、毎年入営してくる一〇万の現役兵に国防の意義を入営中に教育して社会に戻すことの方を真剣に考えるべきだ、と宇垣は主張していたのである。ただでさえ、徴兵検査、入営、簡閲点呼など、徴兵制をめぐる時々の手続きを国民生活に織り込むことで、徴兵制は村々の生活に深く根を下ろしていたのであるから、(5) 陸軍が自覚的にこうした機会を捉えて影響力を行使しようとすれば、かなりの効果を挙げえたであろう。

第二に、徴兵制軍隊とは、いったん内に入ってしまえば、市民社会での階級・身分・出自は関係なくなると一般に考えられていた点が重要である。丸山眞男がその点について、対談のなかで、警察組織と比較しながら次のように述べている。(6) 少し長くなるが引用しておこう。

軍隊はいちおう徴兵制をとったもので、擬似デモクラシー的な基礎を持っておりました。ところが警察の場合は官僚制の尖端で、国民的基礎がありませんね。軍隊の底辺は毛細血管的にあらゆる地方の隅々にまで浸透しているわけです。どんな辺鄙な農村でも兵隊が出ます。そういう擬似デモクラティックなものが軍隊への親近感を国民に持たせたものだと思うんです。（中略）第一次大戦以後のデモクラシーの勃興と共に軍人が評判がわるくなったが、その時に日本の軍部は自己保存策として、軍隊が日本の社会集団の中で一番デモクラティックなものである、それは国民的な基礎を持っているということを強調したと思うんです。天皇の軍隊ということは最近の段階になってから強調されたことであって、その前には、むしろ、日本の軍隊は国民の軍隊である、外国の軍隊は貴族の軍隊だが、日本の軍隊は本当の国民の軍隊であるということを強調していたという点もあるのじゃないかと思います。

毛細血管の末端で国民と比類ない接点を持っていた陸軍が、公平、平等という点で国民をうまく説得できれば、かなりの力を持つことができたのではないかとの予測が成り立つ。満二〇歳から四〇歳までの男子国民に死活的に重要な関係があった徴兵制は、公平、平等という点で国民の支持を調達できるように改正作業がなされていたのではないか。このように考え、先に著した拙著『徴兵制と近代日本　1868-1945』(7)では、徴兵令や兵役法の改正過程を分析することで、徴兵制度が幾多の改正を繰り返しながら、次第に国民のなかに、ある一定の支持を獲得できるようになっていたのではないかとの展望を得た。つまり、国民のなかに徴兵制軍隊に対する一定の支持の広がりうる素地があったということである。(8)

さてこれまで、国民と陸軍の窓口としての徴兵制度、徴兵制軍隊の擬似デモクラシー性、という二つの観点から陸軍の政治力の源泉をみてきた。上記の二点以外の説明も可能であろうが、ここでは、特に海軍との比較の点で重要だと思われる観点をさらに一点だけ挙げておく。それは、黒野耐氏が陸軍の国防論として紹介している「国土人民一体論」(9)とでもいうべき考え方である。これは、日清戦争後の軍拡過程にあった一八九九（明治三二）年一月、山本権兵衛海軍大臣が、参謀総長を全軍の幕僚長とし、海軍軍令部長はそれを補佐するという現行の戦時大本営条例を、陸海軍対等の新条例に改正しようと図った建議に対して、時の陸軍大臣桂太郎が展開した反対論のなかに、典型的な形でみられる。桂はいう(10)。

人民ハ必ス其土地ヲ守ラサル可ラス。是レ必任義務ノ起ル所以ニシテ全国ノ壮丁ハ必ス護国ノ任務ヲ負担シ、壮丁ノ有ラン限リハ決シテ国土ヲ失ハス。其レ此ノ如ク国土ト兵力ト相終始シテ離レサルハ独リ陸軍ノ能クスル所ニシテ、海軍ノ敢テ望ム所ニ非サルナリ。

人民には国土を守る義務があり、人民があるかぎり国土は失われない、国土と人民を結びつける行為は陸軍のみが可能なのだ、と桂は述べている。たしかにこの桂の立論を反駁するのは簡単である。山本海相が桂への再反論のなかで述べていたように(11)、現在の戦争が白兵によって闘われるという思想自体、現今の発達した社会には通用しない、との反論がすぐにも浮かぶ。実際に、山本が主張するような方向で戦時大本営条例は、日露戦争開戦前の一九〇三（明治三六）年一二月二八日に改正されてもいる(12)。これ以降、参謀総長と海軍軍令部長は天皇に対して、陸海軍対等な立場で補佐をすることとなった。

ロシアという具体的な敵を前にした時点で、陸軍の国防論が、時代遅れのものであるとの批判を受けたのは理解できる。しかしながら、仮想敵国が変わり、さらに総力戦の時代となった時に、そうした国土人民一体論が依然として時代遅れのものであったかというと、それは別の問題である。アメリカ海軍の対日作戦計画であるオレンジ・プランは、一九二四年から正式な作戦計画として大統領の承認を受けて採択されていた。興味深いのは、太平洋戦争勃発までに作成されたすべてのオレンジ・プランに共通していた構想として、日本に侵攻する最終段階である第三段階の作戦が、大陸によって生存しようとする日本の陸軍の力を、空と海からのアメリカの海軍の力で封鎖し、包囲して降伏させる過程として、一貫して捉えられていたことである。『オレンジ計画』[13]の著者エドワード・ミラーは、次のように書いている。

日本の目標はアジア大陸にあり、その頼みの綱は強大な陸軍だった。対するアメリカは、政治的な現実からして海から戦いを挑むしかなかった。ゆえに、米軍の使命は、敵の陸軍力をこちらの海軍力で打ち破ることにあった。これはオレンジ・プランを一貫して流れる戦略原則である。

もちろんここでは、国土に展開する陸軍というよりは、朝鮮半島、中国・東南アジアの占領地に根を張る陸軍という意味で論じられているのだが、大東亜共栄圏地域をまさに「国土」とし、そこを守る日本陸軍、という敵イメージがアメリカ海軍の戦略プランに登場しているところをみると、アメリカとの総力戦を闘う時期にあっても、陸軍の国土人民一体論は、なお時代遅れにはなっていなかったとも考えられる。

2　陸軍の政治力の内実

ここまで、陸軍の政治力がたしかに大きなものであったとの仮定の上に議論をすすめてきた。しかし、行政機構としての陸軍は、大蔵、外務、文部などの各省とともに内閣を組織する一官衙にすぎなかったこともまた事実であった。法律と予算二つの面で、帝国議会からチェックを受ける存在であったという点で陸軍は他省と変わりがなかったのである。むろん、陸海軍大臣次官現役武官制という特例は他の省にはみられないものであったし、陸海軍を構成していた省以外の機構である、参謀本部・海軍軍令部、軍隊、学校、特務機関などの行動原理は、統帥権独立によって保護されてもいた。

まず、現役武官制の問題からみていこう。現役武官制は他の行政機構と陸海軍との差異を際立たせるものであったが、軍の政治力の源泉をこの点だけから説明するのは無理がある。たしかに、現役武官制は、一九三七（昭和一二）年一月、宇垣一成内閣流産の直接的な要因をつくり、陸軍にとって望ましくない首相候補就任を阻止するための手段として実際に使われた。しかし、気に入らない首相候補者を拒絶するための伝家の宝刀は、何度も連続して使い得たであろうか。大命降下した首班に陸相候補者を拒否し続けることは、大権干犯との批判を招くおそれはなかったのだろうか。

事実、その当時、首相候補の最も有力な一人と目されていた近衛文麿などはこの点に自覚的で

「大命已に降れる後に於て大命を承れる人、其者を排斥するは任免大権の発動其者を拒否する事にして大義の上に於て、甚穏ならずと存候」[14]と寺内寿一陸相に手紙を書いて、大命降下した宇垣への陸相推薦を実質的にサボタージュした陸軍上層部を牽制していた。

さらに、陸軍省や参謀本部の課長クラスを構成していた陸軍中堅層が、第一次世界大戦の与えた衝撃を驚きをもって受けとめていた点が重要である。[15]相手国にいかに効率的に経済封鎖をかけて戦争に臨むか、あるいは相手国が仕掛けてきた経済封鎖をいかに生き延びるかといった、総力戦の要諦を知るに従って、陸軍中堅層は政治と軍事の境界について、再考を迫られた。政治から独立して政治に影響を受けない、あるいは軍事を政治から隔離する意味での統帥権独立であったが、軍事は本当に政治から別個に独立したものであってよいのか、と彼らは考えはじめていた。これまでの陸軍は、合議制・弱体主義に堕しているとの認識を持って、彼らは統帥権独立の意味を再考しはじめた。

元老によって奏薦された首相候補者に、陸相候補推薦を拒絶するという切り札で政治的主張を通してきた三長官会議（陸軍大臣、参謀総長、教育総監による会議）方式を見直すため、その前段階として、これまでは参謀総長・教育総監との合議制で決定されていた部内の人事権を、二・二六事件後の粛軍に際して陸軍大臣に完全に一元化するために、一九三六（昭和一一）年五月軍部大臣現役武官制復活は図られた。現役武官制が復活したのは、陸相候補者の資格をより限定し、成立すべき内閣に更なる要求をつきつけるためではなかった。

3　満洲事変勃発時のケーススタディ

次に、統帥権独立の問題もみておこう。この点については、昭和期における陸軍の政治支配の深化について最も批判的であったと考えられる外務省関係者に語らせてみたい。昭和戦前期の外交の失敗を、戦後、外務省が総括したものに「日本外交の過誤」[16]と題された文書がある。そこに記された外交官の言葉は重要なヒントを与えてくれる。第一次近衛文磨内閣当時イタリア大使だった堀田正昭は、こう語る[17]。

外務省としては手が出なかつた。一体、その後ずつと外務省が軍を押さえきれなかつた根本原因は、軍が満洲、北支にいたからである。出先で事を起こすことが出来たからである。

堀田は、軍が外国である中国大陸で事件を起こし、国内政治を引きずっていったと述べているが、広田弘毅内閣と平沼騏一郎内閣で外相を務めた有田八郎も、次のように回想している[18]。

軍部があそこまでやれたのは、結局外国に兵をおいていたからである。一体奉勅命令というのは内閣が先にこれに同意して上奏していなければ参謀総長が上奏しても出兵の命令は下されないことになつていた。

ここに引いた有田発言の意味を理解するのは、実は簡単なことではない。二つの文章からなっているが、前半の文では、関東軍や支那駐屯軍など「外国に兵を」置いている軍隊の存在ゆえに陸軍の力は大きかったのだ、と述べている。後半の文で述べていることは、もう少し複雑だ。まず奉勅命令の意味するところを説明しておこう。天皇が直接率いる建前の軍隊、すなわち、天皇に直隷する軍隊に向けて、天皇自らが下す命令は、天皇の幕僚長である参謀総長に直接下すかたちをとる。これを参謀総長は、直隷する軍の司令官、たとえば朝鮮軍司令官や関東軍司令官などに奉勅伝宣として命令を下し伝えるが、その時、この命令を奉勅命令と呼ぶ[19]。有田の後半の文は、参謀総長が出兵のための上奏をしたとしてもそれだけでは派兵はされず、内閣の決定、つまり閣議決定が派兵の意思決定の際には必ず必要とされていたことを思い出させるものとなっている。派兵には慎重な手続きがなされていたことを述べている。

これまでの説明で、前半の文と後半の文の文意はそのままではつながらないことがわかった。この文意をとるには、後半から前半に戻って読むのが妥当であると考えられる。つまり、本来は閣議決定の上での首相からの上奏、これと並行して参謀総長からの上奏を必要としたように、慎重な手続きがとられるはずの派兵決定であったが、外国あるいは外地に駐屯していた軍隊があったために、この手続きがゆるがせになってしまったと有田は主張したかったのだろう。有田の胸中にあったのは、満洲事変時に起こった林銑十郎朝鮮軍司令官による独断専行による越境問題だった。一九三一（昭和六）年九月一九日、朝鮮軍司令官は関東軍司令官の要求によって、独断、朝鮮軍の混成旅団を汽車で満洲に派遣しようとした。しかし、同日、参謀総長は朝鮮軍司令官に待機命令を出し、それによって一時、朝鮮軍の混成旅団は、中国と朝鮮の国境線で停止した。にもかかわらず、関東軍からの再度の増兵要求に接した林朝鮮軍司令官は二一日、国境の新義州に停止していた歩兵第三十九旅団を独断で越境させたのである。[20]

朝鮮軍や関東軍は、朝鮮軍司令部条例あるいは関東軍司令部条例があらかじめ指示している任務の範囲内の行動については、独断専行が認められていた。しかし、この場合の朝鮮軍の行動は、司令部条例の認める範囲を逸脱していることは明らかであった。奈良武次侍従武官長は、その日記の九月一九日の条に「任務の範囲内行動は軍部専断し得べきも、其以上のことは閣議の決定を待つべく」と記した。[21]奈良侍従武官長は金谷範三参謀総長に対し、南次郎陸相によく話を通じ、南を通して閣議において関東軍への増派についての承認を求めるべきであると説得していたのである。事実、その後の南陸相の動きは、奈良の説得のラインに従ったものであった。

出兵のための閣議決定をめぐる、政府と出先の攻防について、政府の側の史料を『西園寺公と政局』などで、出先の側の史料を『林銑十郎　満洲事件日誌』などでおさえておこう。[22]一九日の閣議において、若槻礼次郎首相は南陸相に向かい、次のように述べている。

正当防禦であるか。もし然らずして、日本軍の陰謀的行為としたならば、我が国の世界における立場をどうするか。かくの如き不幸なる出来事に対しては衷心遺憾の意を表する次第であるが、偶然に起つた事実であるならば已むを得ない。この上はどうかこれを拡大しないやう努力したい。即刻、関東軍司令官に対して、この事件を拡大せぬやうに訓令しようと思ふ。

ここからは、若槻首相が関東軍司令官に対して不拡大を要請する訓令を出す方針でいたことがわかる。

こうして、事件の不拡大と早期収拾の旨が閣議決定され(23)、若槻首相は同日午後、拝謁奏上した。当時、関東軍参謀であった片倉衷の記す『満洲事変機密政略日誌』は、「十九日午後六時頃大臣(陸二〇四電)総長(一五電)より相前後して来り帝国政府は事態を拡大せしめざることに努力する旨方針を決定し軍の行動は之を含み善処せられ度旨訓令せらる(24)」とあるので、不拡大の閣議決定によって、関東軍司令官へ、陸軍大臣と参謀総長からの訓令が迅速に出されていたのは事実であった。関東軍司令官へ不拡大を命じた訓令が出されたとの記述は、林朝鮮軍司令官の同日の日誌(25)にもある。

二時五分、参謀総長ヨリ意外ナル命令アリ、――増援ハ派兵ノ勅命アル迄動カスナトノ意味ナリ。
(中略)此増援ノ請求ニ応セシメザル意図ノ那辺ニアルヤハ、将来大ニ研究ヲ要スル問題ナリ。
(此日午前、閣議ニ於テ事件ヲ是以上拡大セシメザル事ニ決議シ、関東軍司令官ニ訓令セル折柄ナレバ、軍ノ行動ヲモ掣肘セルモノナリ〕。

金谷参謀総長から林朝鮮軍司令官に宛て、増援のための派兵は勅命があるまで許さないと訓令していること、その訓令に対して林が意外な命令だと捉えていたことがわかる。

二〇日、二一日と連日閣議が開かれた。その席上なされた、朝鮮軍の一旅団を出動させる必要があるとの南陸相の説明は、依然として閣議の了承を得られなかった。林朝鮮軍司令官はそれを「二十一日ノ閣議ニ於テ南陸相ノ積極論ニ対スル幣原〔喜重郎・外相〕、井上〔準之助・蔵相〕両相ノ消極論ガ対立シ」て決定に至らなかったとみていた(26)。

このような状況下で、二一日、林朝鮮軍司令官は独断専行で新義州に待命させてあった歩兵第三十九旅団を渡河させ、関東軍も吉林への派兵を午前三時独断で決し、中央への通報をわざと遅らせた上で、午前六時に陸相・総長に報告を行なった(27)。ここに、先に有田が述べていた独断専行が起きたのである。同日午後五時、金谷参謀総長は、朝鮮軍司令官の独断専行により、混成旅団が越境した事実を奏上する。その時点では、いまだ関東軍への増援問題を許可する閣議決定はなされていなかったので、総長は、自己の責任で増援の裁可を帷幄上奏〔統帥事項について、統帥機関の長、あるいは陸海軍大臣が国務大臣の輔弼を経ずに、大元帥たる天皇に直接上奏すること〕で仰ぐ決心をしていた。それに対して、奈良侍従武官長と鈴木貫太郎侍従長は、「聖上は首相の承認なく允許せらる丶ことなかるへきを以て此の如き無法の挙を避け(28)」るべきであると述べて、総長の上奏を止めていた。宮中側近は、天皇が閣議決定のない案件についての帷幄上奏を裁可しないだろうとの判断に立っていた。第一次世界大戦後のパリ講和会議に陸軍側随員として参加した奈良と、ロンドン海軍軍縮条約問題で海軍側を穏健な方向にリードした鈴木によって、参謀総長の帷幄上奏が阻止された点に注意しておきたい。

その翌日開かれた二二日の閣議の様子は次のようなものであった。(29)

危険防止以外の行為、即ち軍政を布くこと、税関や銀行を抑へることなどは断然差止めることにしたこと、それから朝鮮軍を満洲に出す件については、満洲の兵が手薄であるからといふ理由の下に陸軍大臣から発議し、関東軍司令官の参謀総長に対する要求を参謀総長からまた陸軍大臣に通告し、且さういふ希望を述べたが、国際聯盟の問題にもなり、また満洲軍引揚の場合にも面倒を起すだらうからといふので、閣議はこれを容れなかつたこと。(中略)結局兵は出してしまつたのだから、政府は経費はこれを支弁する――大蔵大臣も正式に閣議決定事項として出兵を認めたわけではないけれども、既に出来てしまつたことだから、この際何等異議を述べず、経費は政府が支弁する――と決した。

ここからは、独断専行による、朝鮮軍の越境と関東軍の吉林派兵が、二二日の閣議でも承認されていないことがわかる。しかしながら、出してしまった軍隊であるからとして、経費支弁については閣議決定されてしまう。

二二日午後四時になされた若槻首相の上奏内容は、侍従次長の記録によれば「朝鮮軍の一部移動の事実承諾をなしたること、其手続きの当否は別に之を論ずること」(30)というものであり、侍従武官長の記録によれば「朝鮮の増兵は賛成せさるも其増兵の事実は之を認め経費も支出すること」(31)というものであった。両義的な閣議決定により、朝鮮軍の越境は財政的裏づけの面で追認されることとなった。これを承けて、陸相と参謀総長が天皇の前に出て、朝鮮軍から関東軍への混成旅団派遣の追認についての允許を内奏することになる。結局、経費支弁の閣議決定がなされたことで、関東軍への増派問題についての奉勅命令も出されることになった。

独断専行が問題化すれば、朝鮮軍司令官や参謀総長の進退が問題とならざるをえなかった。そのような場合、軍が救われる道は、以上述べてきたようなプロセス、すなわち、閣議決定によって、朝鮮軍の増派を決定する形式を整えるしか方法はなかったのである。帷幄上奏は宮中側近によって阻止されていた。よって、内閣がこの時点で断固、増派を認めなかったとすれば、現地軍の独断専行もこの時点で挫折した可能性がある。

紛争が勃発し、あるいは謀略が作為され、戦争に拡大する折には、必ず増兵が要求されるものであり、その要求には奉勅命令が必要であり、奉勅命令を出すためには閣議決定が必要であったとすれば、統帥権独立に裏打ちされた出先軍の暴走は、内閣の決意如何によっては一時的なもので終わる仕組みとなっていたのである。このように、満洲事変勃発時のケーススタディからも、ただちに、統帥権独立が軍の政治力深化に絶大な影響力を持ったと断ずることには、なお議論の余地がある。

4 軍隊を国外に置くことの意味

しかし、外交官二人の嘆きを、一つの統帥権独立の側面からのケーススタディだけで処理するのもまた一面的であろう。国外（植民地として獲得した土地、租借地、鉄道附属地、併合後の土地、条約によって認められた駐屯地、占領地などを含む）に軍隊を置いておくと、なぜ軍あるいは軍部は強いのだろうか。この問題を、統帥権の濫用や現地軍の暴走という方向からではなく検討するのは、なお意味があると思われる。

日清戦争、日露戦争の二度にわたり、日本は大規模な軍隊を海外に送った。日清戦争後、下関条約で獲得された台湾には、一八九六（明治二九）年四月、台湾総督府と守備隊（のちに台湾軍）が置かれた。日露戦争後、ポーツマス条約で獲得された関東州と満鉄附属地には、一九〇六（明治三九）年九月、関東都督府（のちに関東庁）と守備兵（のちに関東軍）が置かれた。一九一〇（明治四三）年八月、大韓帝国の併合により、朝鮮半島には、朝鮮総督府と朝鮮駐剳軍（のちに朝鮮軍）が置かれた。

こうした、草創期の植民地統治機構とその下に置かれた軍隊の役割について森山茂徳氏は、たとえば武断統治時代（一九一〇～一九一九年）の朝鮮統治政策を次のように鮮やかに位置づける。(32)「この時期の朝鮮統治政策とは、一言で言えば、陸軍による政治的独立領域の形成であった。それでは、独立とは如何なる意味か。それは、日本国内の政治動向に左右されない、あるいは、日本国内の政治勢力からの、如何なる干渉も受けない、ということであった」。

しかしながら、植民地の獲得が何らはばかられることのなかった「公式帝国」の時代に創設されたこうした機構や軍隊の特質も、対外的には、第一次世界大戦が世界に与えた影響と、国内的には、原敬内閣の出現により変化するようになる。この点を三谷太一郎氏は次のように精緻にとらえている(33)。第一次世界大戦後、「これまで戦争の結果としての民主化に相伴っていた植民地化及び軍事化に変化が生ずる。（中略）日本の民主化を含む近代化と不可分の形で進展してきた植民地化に対する抵抗力が働き始め、脱植民地化の徴候が現実とイデオロギーとの両面において顕われるが、これと同様に日本の近代化の最も重要な部分であり、植民地化と密接に結びついて進行した軍事化にもそれに対する抑制が加わり始める」。具体的には、一九一九（大正八）年八月二〇日、朝鮮総督府官制改正と台湾総督府官制改正がなされ、文官総督を認め総督の陸海軍統率権を削除したことなどが事例として想起されるべきだろう。

それでは、第一次世界大戦を機とした「非公式帝国」の時代以降、国外に置いた日本の軍隊はいかなる行動をとっていたのだろうか。

第一次世界大戦において、ドイツに宣戦布告した日本は、山東半島のドイツ権益を奪って青島に守備軍を置いた。青島守備軍は、一九一四（大正三）年一一月から二二年一二月一七日の撤退完了まで青島に派遣されていた。撤退することになったのは、ワシントン会議中の一九二二年二月四日、日中間の話し合いで、山東のドイツ権益のうち経済的権益だけを日本が継承するように決定されたからである。この間八年に及ぶ占領地支配に任じていた青島守備軍はいかなる動きをみせ、また、その存在は、日本国内に対していかなる意味を持ったのだろうか。

また、第一次世界大戦中に日本は、ロシア革命後の事態をうけてシベリア地域に干渉するため派兵した。そのために派遣されたのが浦塩《ウラジオ》派遣軍で、一九一八年八月から二二年一〇月二五日の撤退完了まで（北樺太を除く）シベリアにいた。四年にわたってロシアの内戦に干渉した浦塩派遣軍はいかなる動きをみせ、また、その存在は、日本国内に対していかなる意味を持ったのだろうか。

さらに、満洲事変が引き起こされ、三二年三月の満洲国建国後、関東軍は満洲国から国防・軍事について委任を受けるかたちをとった。それによって、それまでの駐劄一個師団と独立守備隊六個大隊という兵数制限はなくなり、全満洲にわたる活動が可能となった。関東軍はいかなる動きをみせ、また、その存在は、満洲事変期から日中戦争期にかけて、日本国内に対していかなる意味を持ったのだろうか。

義和団事件の結果、連合国（独・英・露・仏・伊・米・墺・日）と清国の間に締結された議定書と協定により、連合国は北京公使館区域および渤海湾から北京にいたる鉄道沿線要地への駐兵権を得た。日本の派遣した軍は清国駐屯軍と呼ばれ、その後、支那駐屯軍と改称された。三〇年以上の長きにわたり中国の首都近くに駐屯していた支那駐屯軍は、一九三七年の盧溝橋事件前に増強されていた。支那駐屯軍はいかなる動きをみせ、また、その存在は、日本国内に対していかなる意味を持ったのだろうか。

筆者が今後解明したいと考えている課題は、以上のごとく国外に派遣されていた軍隊あるいは駐屯していた軍隊が行なっていた政治的な活動(34)と、日本国内における陸軍の政治的支配とが、時々の国際関係の変容のなかでどのように相互規定しあっていたのか、という問題である。陸軍が政治力を持ちえた理由について、軍部大臣現役武官制や統帥権独立など特異な制度の存在があったから、あるいは、徴兵制軍隊への国民の支持があったから、という理由以外から、この問題を考えたいのである。筆者は一つのケーススタディを、手始めに「一九三八年　興亜院設置問題の再検討」と題して「蔣介石と近代日中関係」国際シンポジウムで報告した(35)。

このように、青島守備軍、浦塩派遣軍、関東軍、支那駐屯軍などの軍隊を取り上げて、上述の問題を考えようとする筆者の視角が無意味でないと考えられるのは、対象とする時期が第一次世界大戦から日中戦争にいたる時期であり、植民地を公然と持つのがはばかられるようになった、「非公式帝国」の時代であることにもよる。さらに戦争自体も、二国間の短期決戦による殲滅戦争ではなく、多国間に持久戦が戦われる総力戦になった。植民地を持ってはならない、革命に干渉したとの非難を受けてはならない、九ヵ国条約違反と名指しされてはならない、宣戦布告をしてはならない、総力戦に敗北しないために、経済封鎖を生き残らなければならない――。このような、狭き門を潜り抜けるために、軍隊の行動や活動は、これまでの時代にはなかった特異な様相を呈するようになる。これは具体的にはどのような変化を国内政治に及ぼすのだろうか。この点が現在の筆者の一番興味惹かれる問題である。

注

(1) 拙著『徴兵制と近代日本 1868-1945』吉川弘文館、一九九六年。
(2) 我妻栄編集代表『旧法令集』有斐閣、一九六八年、一四頁。
(3) 伊藤博文著、宮沢俊義校註『憲法義解』岩波文庫、一九四〇年、四八頁には、第二〇条の説明として「全国男児二十歳に至る者は陸軍海軍の役に充たしめ、平時毎年の徴員は常備軍の編制に従ひ、而して十七歳より四十歳迄の人員は尽く国民軍とし、戦時に当り臨時召集するの制としたり」とある。
(4) 角田順校訂『宇垣一成日記 Ⅰ』みすず書房、一九六八年、四六五頁。
(5) こうした観点からの成果として、喜多村理子『徴兵・戦争と民衆』吉川弘文館、一九九九年、原田敬一『国民軍の神話』吉川弘文館、二〇〇一年がある。喜多村氏は、都市部住民よりも戦争に協力的であったかにイメージされる農村部、そこに暮らした人々の実態の一面を、徴兵や戦争に対する「祈願」という行為を通じて、豊富なフィールドワークの成果に裏付けて明らかにした。原田氏は、入営→兵舎での生活・訓練・退営もしくは死亡→平時の生活への復帰または追悼、という兵士の時間軸、生活暦に沿って軍隊を分析することで、日本近代において国民軍概念がいつ成立したのかについて明らかにした。
(6) 飯塚浩二『日本の軍隊』岩波現代文庫版、二〇〇三年、一二四〜一二五頁。
(7) 注(1)に同じ。

（8）　筆者は『徴兵制と近代日本　1868–1945』を書いた時点では、徴兵令あるいは兵役法そのものが改正を繰り返すことで、国民から一定の支持を獲得しつつ長期にわたって運営されてきたとの理解にしか至らなかったが、その後、一ノ瀬俊也『近代日本の徴兵制と社会』吉川弘文館、二〇〇四年、は、「〝普通の人々〟が国のため人を殺しまた殺される徴兵制は、なぜ近代日本社会に受け入れられ、七〇年以上の永きにわたり存続しえたのか」について、それは「徴兵を正当化し続けた多様な論理、制度の円滑な運用を支えたサブ・システムが存在していたからであった」とし、徴兵制を支えるサブ・システムとしての軍隊教育と軍事救護の社会的実態を明らかにした。
（9）　黒野耐『帝国国防方針の研究』総和社、二〇〇〇年、七一頁。
（10）「戦時大本営條例沿革志（手書）」、「大本営編制及勤務令ニ関スル綴　其一」（防衛庁防衛研究所戦史部図書館所蔵）所収。前掲、黒野『帝国国防方針の研究』七一頁から再引用。
（11）　同前書、七二頁。
（12）　新条例第三条は「参謀総長及海軍軍令部長ハ各其幕僚ニ長トシテ帷幄ノ機務ニ奉仕シ作戦ヲ参画シ終局ノ目的ニ稽ヘ陸海両軍ノ策応協同ヲ図ルヲ任トス」となった。
（13）　エドワード・ミラー、沢田博訳『オレンジ計画』新潮社、一九九四年、三六頁。
（14）　一九三七年一月二五日付、寺内寿一宛近衛文麿書翰、「寺内寿一関係文書」（国立国会図書館憲政資料室所蔵）。
（15）　この点については、拙著『模索する一九三〇年代　日米関係と陸軍中堅層』山川出版社、一九九三年、第二部第五章第六章を参照のこと。
（16）　情報公開法による開示請求によってその存在が明らかになった文書。「『日本外交の過誤』について」、『外交史料館報』第一七号（二〇〇三年）。
（17）　同前、六一頁。

(18) 同前、六七頁。
(19) 奉勅命令についての説明は、以下の著作を参照した。高橋正衛解説『林銑十郎　満洲事件日誌』みすず書房、一九九六年、二〇八～二〇九頁。
(20) 当事者である林軍司令官の目から見た越境事件の推移は、前掲『林銑十郎　満洲事件日誌』八～一〇頁。また、天皇、侍従武官、内大臣など宮中の反応については、防衛研究所戦史部監修、中尾裕次編集『昭和天皇発言記録集成』上巻、芙蓉書房出版、二〇〇三年、一五三～一五六頁。
(21) 波多野澄雄・黒沢文貴責任編集『侍従武官長　奈良武次日記・回顧録』第三巻、柏書房、二〇〇〇年、三五七頁。三一年九月一九日の条。
(22) 原田熊雄述『西園寺公と政局』第二巻、岩波書店、一九五〇年、六二頁。
(23) 当時、侍従次長であった河井弥八の記した日記『昭和初期の天皇と宮中』第五巻、岩波書店、一九九三年、一五六～七頁によれば、若槻首相の上奏内容の詳細は次のようなものであった。「(一)事件を拡大せざることを軍に訓令せしこと、(二)事件の真相及帝国の態度を外相より各国使臣に発表すること等を上奏す(首相は軍隊出動の範囲及地域拡大に付ては閣議を経、御裁可を乞ふべき旨をも上奏せるが如し)」。
(24) 『現代史資料　7　満洲事変』みすず書房、一九六四年、一八四頁。
(25) 前掲『林銑十郎　満洲事件日誌』一〇～一一頁。
(26) 同前書、二三頁、九月二二日の条。
(27) 前掲『現代史資料　7　満洲事変』一八八頁。
(28) 前掲『侍従武官長　奈良武次日記・回顧録』第三巻、三五八頁。九月二二日の条。
(29) 前掲『西園寺公と政局』第二巻、七〇頁。「(中略)」以下の部分は、同前書、七一～七二頁。
(30) 前掲『昭和初期の天皇と宮中』第五巻、一五九頁。

(31) 前掲『侍従武官長　奈良武次日記・回顧録』第三巻、三五九頁。
(32) 森山茂徳「日本の朝鮮統治政策（一九一〇～一九四五年）の政治史的研究」、『法政理論（新潟大学法学会）』第二三巻第三・四号（一九九一年三月）、六九頁。
(33) 三谷太一郎「戦時体制と戦後体制」、『近代日本の戦争と政治』岩波書店、一九九七年、五六～五八頁。
(34) こうした政治的な活動は、狭義の意味での特務部、特務機関によってなされることも多かった。永井和氏は早くから「陸軍独自の〈外政機関〉としての植民地駐屯軍司令部、大公使館付武官、各種の外国駐在員、いわゆる『特務機関』の研究は未開拓な領域の多い軍部研究・軍事史研究のなかでもとくに未開拓の分野といえる。いわゆる〈軍部外交〉〈二重外交〉の推進部隊としてのこれらの〈外政機関〉の研究は、明治末以降の軍部を理解するうえで重要な環をなすはずであり、今後の研究がまたれるところである」と述べている。「人員統計を通じてみた明治期日本陸軍（一）」、『富山大学教養部紀要（人文・社会科学篇）』第一八巻第二号（一九八五年）四七頁。ここで、狭義の特務機関と書いたのは、次のような理由による。戦前の日本陸軍は、平時において①軍司令部・師団などの軍隊、②陸軍省・参謀本部などの官衙、③陸軍幼年学校・陸軍士官学校などの学校、④特務機関など、おおよそ四つの区分からなりたっていた。よって、特務機関とは、まずは、軍隊、官衙、学校のいずれにも属さない陸軍の機関と定義されるものであり、こうした軍事行政上の区分における特務機関は具体的には、①元帥府、②軍事参議院、③侍従武官府、④皇族附（王公族附）陸軍武官、⑤陸軍将校生徒試験委員、⑥外国駐在員、の六機関をさす。また、特務機関ではないが、これに準ずるものとして⑦陸軍衛生部及獣医部士官・経理部及獣医部依託学生、⑧外国留学生、⑨大公使館附武官同補佐官、外国駐在官、印度駐在武官、国際連盟軍事委員などがあった。官制上の特務機関は以上の九つの概念からなるものであるが、いわゆる「狭義の特務機関」というものは、軍の中にあって政治的経済的活動を担い、諜報や謀略をも扱う部署、たとえば北支那方面軍特務部などがそれにあたる。

(35) 台湾中央研究院近代史研究所主催の国際会議(台北市、二〇〇四年一一月一九日~二一日)における報告。本国際会議の報告書は、二〇〇五年中に同研究所から刊行される予定である。

第二章　政友会における「変化の制度化」
――田中義一の方法――

1　伊藤隆氏の学説とその特徴

いうまでもなく本書（有馬学・三谷博編『近代日本の政治構造』）は、伊藤隆氏の学恩に浴した研究者たちによる論文集である。よって、数多くの政治集団のなかから政友会を取り上げた理由を述べるという通常の手続きをふむまえに、まずは、伊藤氏の学説の体系を筆者がどのように受けとめたうえでスタートしているか、という点について述べておきたい。

一九二〇年代から三〇年代、あるいは、もう少し対象を広くとって戦間期（一九一九～一九三九年）を、どのようにしたら一貫した視角で理論づけできるか――。多くの近代史研究者にとって、この問題は長らく主要な研究対象であり続けているが、現在までのところ、二つの筋道での説明が可能になっていると考えられよう。

1・1　戦間期を説明する二つの理論

第一の筋道は、この時期を政党制の確立・定着・崩壊に焦点をあてて説明するもので、三谷太一郎・有泉貞夫・坂野潤治の諸氏によって開拓されたものである(1)。三谷氏は、権力分立的な明治憲法体制のなかでどのようにして政党制が確立するのかという問題に対して、日露戦後の地方利益要求の噴出に、「高度な調整システム」を萌芽的に持っていた政党制が最も合理的に適応したからだという解答を対置した。

では、定着と崩壊のあまりの時間的近さをどのように説明するのか。有泉氏は、対外危機・不況という三〇年代的状況にあっては、各政治機構を政党を介して調整するシステムが必要とされなくなることを示した。「わが党知事」による党略的な地方利益誘導よりも、挙国内閣下の地方官僚による予算均霑の方を地方は選択したのである。坂野氏は、政党政治を保障すべきはずの美濃部の憲法解釈のなかに本来脆弱性が内包されていたことを指摘した。ある政治目標を強い連帯力で執行する力のある内閣は、むしろ非政党内閣であろうと美濃部は思考する。こうして、国防と外交が争点となる状況では、政党の調整システムが機能不全に陥ってゆくのである。

第二の筋道は、この時期を「革新」派の誕生（以下、括弧は省略）と成長のプロセスとして描くもので、伊藤氏によって独創的に唱えられた。伊藤氏は、政党制の確立期は同時に、「二〇年代に確立した官僚と既成政党による権力」に敵対する在野の諸政治集団＝革新派をも誕生させたことを示し、この革新派たちが三〇年代・四〇年代になると、もはや在野ではなく権力の中枢に結集する様を追跡した。三谷氏が、第一の筋道において、政治体制の政党化を描いたとするならば、伊藤氏はここで、政治体制の革新派化を描こうとしたといえる。

では、革新派化は何で測られるのか。ある個人あるいは政治集団は諸利害集団間の闘争に参入する際、一定の自己イメージを掲げているはずである。その自己イメージの変化を追うことによって、政治構造全体の革新派化が測られるとみなされる。マーキングをほどこした歴史的人物・政治集団の生物的成長の過程と、当該期の歴史の変化が重なるように仕組まれる。

二つの理論を比較してみると、理論の有効性の優劣と、それが学界で占める影響力の多寡の相関関係に、かならずしも公平ではない不均衡が存在するように思える。第一の筋道をかりに〈調整システム論〉、第二の筋道を〈革新派論〉と命名すると、〈調整システム論〉には、多くの有能な若い研究者が参入し、学説を発展的に継承している現状がある。宮崎隆次・伊藤之雄・酒井哲哉・小関素明などの諸氏の名前がすぐに思いうかべられる。これに比べ、〈革新派論〉の場合、それが明示的にはみられないのはなぜだろうか。研究者の自由な参入を困難にしている理由があるのだろうか。

ここでは二点指摘しておきたい。

第一に、歴史叙述の対象の点で二つの理論には本質的な差異がみられる。前者は、自らの調整機能の有効性ゆえに、明治国家の分立的な諸機構の統合に力を発揮した政党制を叙述の対象としている。よって、その具体的叙述は、鉄道・水利・教育といった問題別に、政党がどのように国家予算の優先順位をつけたかなどをめぐって、調整機能の制度化の過程を書くことになる。これに対して後者は、個人や政治集団の自己イメージの変化を叙述の対象としている。よって、その具体的叙述は、集団を代表する人物の政治意識を不断に伝記的におさえることにむけられる。〈革新派論〉が現代の「政界天気図」の類いと大差ないと批判者からみなされるのも、このあたりに理由がある。だが、〈革新派論〉には、網羅的な人物史の前提として、政治意識を「復古（反動）―進歩（欧化）」のX軸と「革新（破壊）―漸進（現状維持）」のY軸によって構造モデル化した政治学の手法が内包されていることを看過すべきではない。(2)

ただ、前提となる理論はともかく、簡潔にみえる制度史か網羅的にみえる人物史かといわれて、後者を好む人間は少ない。まして、原敬の唯一最高の趣味であったという、人間を扱うこと＝「諸々の人間をなぶる」趣味を持つことのできる若手研究者は少ないと思われる。(3)

第二に、より本質的には、革新派の強さについての、伊藤氏自身のスタンスの置きかたの変化が自覚的に受容されなかったことがあげられる。氏の処女作『昭和初期政治史研究』（東京大学出版会、一九六九年）では、革新派は現状維持派を圧倒してゆく強力なものとして描かれた。しかし、ほぼ一〇年後に書かれた『大正期「革新」派の成立』（塙書房、一九七八年）では、革新派は既成エリートのまえに権力の中枢に到達できないとされている。(4)

彼ら（革新派のこと、引用者注）が「天皇制」として、あるいは「君側の奸」として、最も敵視し、打倒すべき対象とした、日本の政治の中枢部を形成している官僚エリート集団は、まず左翼を弾圧して転向させ、ついで右翼をもそのコントロールの下におくことに成功する。左翼から右翼まで分布していた運動のリーダーたちは、獄中にいたごく少数の人びとを除いて、昭和一五年の大政翼賛会に吸収される。ここで彼らは久しぶりに顔を合わせるが、彼らは決してその主役とはなり得ない。

革新派のイメージ修正を伊藤氏が行なったのは、その一〇年の間に「『挙国一致』内閣期の政界再編成問題」（一—三）(5)や『十五年戦争』（小学館、一九七六年）などの著述をとおして、三〇年代後半から四〇年代前半の研究をすすめた結果と推測できる。しかし、この転換に気づかずに、翼賛体制の統合の主体を革新派に求めようとした研究は、陸軍にも企画院官僚にも統合の主体を絞りこめず、有馬学氏が指摘するように「一種の空洞論」(6)に続々と陥ることになった。

1・2　〈革新派論〉補完のための選択肢

さて、強い革新派から弱い革新派への変化の過程をながめれば、〈革新派論〉を補完し発展させるためのいくつかの選択肢の一つに行きつくように思われる。ある政治集団のなかに、革新派と日された人物が量的質的に増加することが、革新派の影響力増大とみなされるために、量と質の斟酌の仕方一つで、革新派のイメージは強くも弱くもなりうる。二〇年代に既成したエリートを革新派の対極にあるものとすると、〈革新派論〉ではその部分に対して革新派がどのように影響力を強めてゆくのか、その方法についてのイメージが欠如していることに気づく。

革新派の唯一明快な影響力行使の方法は、①大正期、いまだ在野の政治集団だった時の言論活動、②近衛新体制の時のブレイントラストとしての計画立案、この二つしかない。いずれも、いわば外側からの影響力行使である。

政治集団の自己イメージの変化を考える場合に、変化をもたらす要因の存在を指摘することと、その要因がどのような手続きで変化を及すのか、そのプロセスを指摘することは別のことに属する。たしかに〈革新派論〉は「変化をもたらす要因」を革新派と命名したが、変化のプロセスという点については、それをこれまで考慮の外においてきた。既成エリートの一角をなしていた、ロンドン軍縮問題の際の政友会についての記述でもその点は顕著にでている(7)。

総裁のリーダーシップの欠如の故もあって、政友会の自己イメージは分裂し、右翼のいう現状維持勢力からは軍部と結びつくものとして非難されると同時に、他方、「既成政党」＝現状維持勢力としていわゆる革新派「軍部」および左翼から攻撃されたのである。これ以後の政友会はこうした分裂した自己イメージのもとでいっそう混乱しつつ全体の状況の変化とともに、復古＝革新化を強く進行させるに至ったのである（傍線は引用者）。

筆者の研究対象は三〇年代の内政と外交だが、内政を扱う時には意識的に、変化のプロセス＝「変化が制度化される筋道」を捉えようとしてきた。その試みが成功しているかはさだかでないが、参議制・大本営や現役武官制復活についての研究(8)はその点を意図したものである。現実の政治過程のなかで、どのような機能を期待されて、ある種の制度は改変されたり誕生したりするのか、このような研究動機は時代を問わず歴史学一般にあてはまるものだろうし、〈革新派論〉を前提としなければならないものではない。しかし、〈革新派論〉にとっては、若手研究者の自由な参入を図るためにも、このような視点が必要なのではないかと思われる。その点を、政党内閣期（護憲三派内閣から犬養内閣）の政友会を事例として考えるのが本章の課題となる。

2　田中義一と在郷軍人会

政党内閣確立期にあたる一九二五（大正一四）年四月、田中は高橋是清から総裁をひきついだ。当時の政友会のおかれていた環境は厳しいものだった。第一に、憲政会は地方の青年党団体の吸収に成功し(9)、名望家秩序再編という点で政友会に一歩先んじていた。第二に、半数以上の党員が政友会から政友本党に移り、それに応じて地方支部も分裂していた。

このような状況下で、田中擁立を図ったのが横田千之助である。かつては原の知謀として知られ、原死後には、普選状況を正確に把握しつつ政友会を政治改革路線に誘導した横田である。この横田が、たんに「金ができる」という条件を総裁選定の根拠にしたとは考えにくい。横田は田中の総裁就任決意とほぼ同時に急死する（一九二五年二月）から、田中の末路を見ることはなかったが、いったい軍人田中の何を買ったのだろうか。また、横田に買われた田中は政友会の何をどのような方法で変質させたのだろうか。

この疑問を解くために、田中が軍人時代に最も精力的にとりくんでいた在郷軍人会[10]をまず取り上げ、その地方掌握方法の特質をまとめておきたい。なお本章では、変化が制度化される筋道に考察をしぼっているので、変化を起こす要因となる田中が革新派であるかどうかについての議論は行なわない。

2・1　帝国在郷軍人会（一九一〇年成立）と地方制度

在郷軍人会とは、「将校下士卒にして現役にあらざる者」と「郷里にありて現役に服する者」を陸軍が中心になって組織したものである。ヨーロッパなどの退役軍人のイメージとは異なり、かつて職業軍人だったものからなる親睦団体ではない。陸軍の場合を例にとれば、①本籍地の所属する管区内の軍隊で教育を受けている現役兵（在営三年、のちに二年、一年半に短縮）、②町村内で通常は生業に従事しているが、戦時には召集されるはずの補充兵（現役兵の補欠にあたる。服役期間一二年四ヵ月）、③町村内で生業に従事している予備役（現役終了後四年四ヵ月）・後備役（予備役終了後一〇年）のもの、④一年志願兵を終了したもの、を含んでいる。よって、これは町村内の平均的な青壮年層そのものといってよかった。

在郷軍人会についての研究業績は少なくない。歴史学の方では、藤原彰氏・由井正臣氏らの業績[11]、社会学の方ではスメサーストの『日本軍国主義の社会的基盤――陸軍と地域共同体』[12]、現代史の会共同研究班の「在郷軍人会史論」[13]など、先駆的で良質の仕事がある。藤原氏の世代は軍の教育組織を体験的に知っているという強みがあったし、社会学者の場合は村落の社会調査を通じて共同体秩序にふれるという強みがあった。つまり、両者とも対象から遊離していないという特性を持っていたのである。だが、後進のそれは必ずしも先行研究の美質をうけつがなかった。日露戦後から太平洋戦争までの時期を、一貫して総力戦体制化の進行と捉え、そのなかで軍人会を「体制的中間者」の一つとして位置づけるにとどまっていた。

しかし、デモクラシー状況を現出させ普選を準備した大正期に、大政翼賛会の頃と同質の国民統合が進行したと考えるのは困難である。統合といっても既存の制度・組織に正当性を付与するための基盤拡大を目的とする場合もありえようし、戦争遂行のための動員強化を目的とする場合もある。大正期は前者、翼賛体制期は後者の比重が高い。このように区別したうえで、軍人会を扱ってゆこう。

日露戦後、藩閥からの政治的独立を果たした陸軍を率いた田中[14]（一九一一年軍務局長、一二年歩兵第二旅団長、一五年参謀次長、一八年陸軍大臣）は、緊縮財政・軍縮ベースを基調とする状況下においては、軍を大衆化することによってのみ、その組織的基盤を安定させることができると判断した。では、軍の大衆化とは田中の場合何を意味したのか。

陸軍と在郷軍人会との関係は、中央と地方との関係でもある。そこで田中は、地方経営についてはすでに定評のある、内務・文部・農商務の町村内連絡ルートとの一体化に全力をあげた。軍の大衆化というのは、一つには在郷軍人を内務系統の地方支配に同一化させることであった。入営時の身上証明書は町村長・小学校長から連隊長へ（一九一一年から）、在営中の成績は連隊長から町村長・小学校長へ（一九一二年から）、在営状態は在郷軍人会分会長から父母へ（一九一三年から）通知された。

それとともに田中は、中央報徳会に縁の深い内務・文部・農商務省の局長クラス・実業家・自治専門家の会同をもち、内務省が育成してきた青年団と、在郷軍人会との間に組織的連絡を調整した(15)。青年団の年齢上限をほぼ二〇歳までとして、それより年長者を軍人会へ組織することを狙ったのである。そもそもこの内務省の推進する地方プランそのものも、二〇年代に活発化する政党型地方支配の形態に矛盾するものではなかった(16)。したがって、このような一連の田中の措置に対して、軍が在郷軍人会をテコにして政党型地方支配を破壊するためにとった行動だという評価を与えるのは妥当ではない。もし、軍による地方支配を貫徹させるためであるならば、既成の地方制度に密着させての軍人会育成に躊躇するはずであろう。旧式の軍人寺内正毅などはその点を指摘し、田中にブレーキをかけようと試みた。[17]

帝国在来の青年会を母体として青年団及幼年団を組織し青年会長を以て団長とすべしとの御意見は一応御尤の議論と思はれ候得共、在来の青年会なるものは其目的とする所地方郷党の親和輯睦、地方の殖産興業に在りて老壮ともに其会員たるものに有之候。去れば将来組織せんとする青年団及幼年団とは其性質に於て全然相異るものと存候。

しかし、田中は在郷軍人会組織の発展は、地方の現状と密接不可分であると確信していた。組織形態に改正を加えつつ、分会（市町村の会員で組織）→連合分会（郡内の分会で組織）→支部（連隊区内の連合分会で組織）→連合支部（師団区内の支部で組織）という系列を整備する。「在郷軍人会も地方制度として町村制郡制のある如く、矢張り町村分会と郡聯合分会とを有するのが大体に於て必要である……自治の意義は即ち軍紀の意義にして、其精神は同一である……地方制度と軍人制度と常に並行して発達[18]」すべきだとし、さらに、「分会長は郡町村長の意図の実行を容易ならしめるという事を以て分会指導の方針とせられなければならぬ[19]」と再三注意していた。田中のこうした指導の結果、ある社会学者が描く、次のような状態が農村に一般化していったとみられる。[20]

在郷軍人会はあまりにも見事に既存の共同体の機能に吸収されていたので、軍人会のメンバーたちはおうおうにして自分たちが在郷軍人であると自覚しないということがあった。ある村の在郷軍人会では、会の活動の一環として地域の消防団を公的に組織していた。消防活動を行なっている時、在郷軍人としてそれをやっていると自覚したことがあるかと、ある老人に質問すると、「その事についてよく考えたことはない。自分たちの世代のものは皆消防団と在郷軍人会の両方に所属していたし、自分もそうだった」と答えるのみであった。

田中の措置は、合理的な判断でもあった。なぜなら、軍人会の構成員は農村の平均的中下層民なのであるから、既存の農村支配構造を激変させるのは困難だったろうし、郡町村からの補助金や寄付金は軍人会にとって重要な財源だったからである。

2・2 デモクラシー状況と軍人会規約の改正（一九二四年）

一九一四（大正三）年、軍人会は田中の宮中工作により勅語と内帑金一〇万円を得て、組織として安定した。会員は約一三〇万、機関紙『戦友』は八万部をこえ、軍人会本部の会計は黒字が四千円に達している。機関紙運営も順調で特別積立金として三万円の貯蓄があった。(21)

しかし、田中が原内閣の陸相に就任し軍人会の運営から遠ざかり、現実政治にもデモクラシー状況が浸透すると、旧来の地方自治のなかに在郷軍人会を定着させる従来の路線だけではたちゆかなくなる。換言すれば、地方が二大政党の政争にまきこまれれば、地方に一体化した軍人会も同様の波に洗われることになる。米騒動・小作争議・普選運動に、軍人会員のなかからも多数の参加者が現れた。田中は、軍が社会変動の波をかぶる前に、第二・第三の大衆化を先行させなければならないと判断する。一九二三年五月、軍人会副会長に就任した田中は、参謀長会同の席上で将来的に軍人会規約を改正する意志を明らかにした。改正プランのユニークな点は、①会内に代議制を導入すること、②陸海軍大臣のほかに内務大臣の監督をも受けること、にあった[22]。内務省との調整も行ない、一年の準備期間を経て、翌年一一月規約改正が行なわれた。田中はその抱負を『戦友』紙上で「会員の意思を遺憾なく発表せしめ、所謂万機公論により決するとともに、中央部と地方との意思疎通を図る」[23]ものと論じた。

改正点は、以下の三点。①全会員の代表機関・決議機関として、本部と連合支部以下に評議会をおく（本部の評議員は連合支部以下の各評議会から一名ずつ選出される。一九二五年の時点では本部評議員は六七名）。②会長の最高諮問機関として審議会をおく（審議員は学識のあるものから推薦）。③未教育補充兵・青少年団員の軍事訓練を軍人会で行なう[24]。幾重にも評議会の権限を留保する規定も存在することから、この改革を外形的とみなすこともできよう。しかし、評議会が一年一回東京に開催され、自ら年度計画を立案し、予算を協議する事態は、やはり軍の大衆化の第二の側面として画期的なものとみなせよう。帝国議会と枢密院を模した評議会・審議会制は二・二六事件後の粛軍過程で廃止されるまでは機能していたのである。

田中の意図は、構成員の自律・自覚の喚起による組織強化ともいいかえられる。「更始一新を為すべき時……在郷軍人の一大自覚を促すことである。……其の自律的精神を発揮させる[25]」ことであると田中はいう。このような自立化の裏づけとして、田中は再び内帑金三〇万円を獲得し、各分会に均等に分配した。

軍の大衆化の第三の側面は、改正規約の③、青少年の軍事訓練にあった。田中の意識のなかでは、軍事訓練の意義は、青少年に苦痛を伴なう義務の一つをふやした点にあるのではなく、中流階級以上の青年のみに認められていた在営年限短縮の特典を、普通の青少年にまで拡大均霑したところにあった。かねて、中等学校以上の在学者には一年志願兵制があり、師範学校生徒には六週間現役制という特例があった。通常二年の在営期間からすれば、これらの学校の生徒は一種の抜け道を持っていたのである。「子供を中学校以上の学校にやるは地方に於て相当の資産ある家庭であると認めなければならぬ。其の人員は全国青年の二割に達しない。八割強の青年は中等学校に行かずして郷里にゐる[26]」と田中が指摘するまでもなく、学校教育の恩恵に浴さない青年がより重い軍務を果していた現状があった。

徴兵制における階級・学歴差別が「軍の大衆化」に害毒を及すことを田中は知っていた。「国民に軍事思想を注入すること」と「軍隊に国民良識を注入すること」を同時進行させることで、国法上の真空地帯である軍を変えようとしていた吉野作造の論調と、この点では共鳴する。軍隊内の非常識をなくす大前提を述べたうえで、吉野は①学校教育のなかでの軍事訓練実施、②上流の徒がとかく兵役を免れて、下層のものが漏れなく兵役の義務を課せられるような猶予規定の削除（たとえば、満二二歳まで外国に滞在したものは実質的に免役となる。外国留学の可能な階級はいわずと知れている）を求め、③検査官が教育の有無によって採否を決めることのないよう、徴兵制度を改革すべきであると述べた。[27] このような文脈のなかで、田中は所定の軍事訓練を修了した青年には在営期間の短縮を認める制度をひらいた。一九二七（昭和二）年四月、徴兵令は廃止され兵役法公布。一般青年訓練所において所定の訓練をおえたものの在営期間は、一年六ヵ月に短縮された。

2・3　まとめ

田中は、軍の大衆化を推進した。軍と国民とを結ぶ良質の核として在郷軍人会を育成し、軍人会を地方に一体化させることに、軍の大衆化の第一歩をみいだす。そして、旧来の地方制度と表裏一体となった軍人会の支部組織を完成させる。デモクラシー状況が現出すると、いち早く「支持基盤を拡大することで組織の正当化をはかる」というデモクラシーの方法そのものを使って、軍人会の組織運営に代議制を導入する。

田中は、決議機関・選挙制を伴った支部組織を全国にはりめぐらせたうえで、中央のトップの部分と、地方支部とを直接結ぶ制度を整えた。直接結ぶためには、中央のトップは地方へたびたび行くことも必要となる。田中の伝記は、膨大な地方遊説の記録を載せている。[28] たとえば、一九一三年（地方巡回して分会視察）、一六年（群馬・愛知・静岡・東京・茨城・埼玉・栃木・山形・三重の在郷軍人会のため講演旅行）、一七年（東京・神奈川・愛知・長野・富山・滋賀の在郷軍人会のため講演旅行）、一八年（盛岡・甲府・福島に講演旅行）、二一年（四〇日間、一六府県講演旅行）などである。

このような「変化の制度化」を軍人会において実現した半年後、田中は政友会総裁になった。原が床次竹二郎の内務省地方局長時代の地方改良運動にみせた手腕を買った（大正三年総選挙に鹿児島で政友会から出馬）ように、横田は田中の地方経営の手腕を買ったのである。

3　田中と政友会

護憲三派内閣が形成・維持されるためには、政友会と憲政会との政策に最低限共通の基盤が必要であった。横田・加藤高明ら両党幹部が協調に努力した背景には、「将来予想される労働・農民運動の本格的高揚に対抗できるような、大衆的基盤をもった体制を構築する必要性」[29]への痛切な理解があったからである。この点に関しては田中も横田・加藤と大差のない考えを持っていたことが推測できる。ただ、方法の点で田中は横田と異なっていた。横田は政治制度の民主化・社会政策的減税を掲げて、政友会の支持基盤を拡大しようと図ったが、田中は、政友会の党組織改革・地方支部の活性化をもってそれを実現しようとした。

有泉氏は、かつて、大正末から昭和初期の総選挙・地方選挙の対立の諸相を、「独立財源の強化による地方自治の確立か、国庫補助金による地域格差の是正か」という二大対立項に集約してみせた[30]。そして、地域間格差是正を保証しない独立財源の確保よりも国庫補助を国民が渇望したことを示した。いうまでもなく、田中時代の政友会は、「地方自治の確立」を謳った側であった。[31]地方に力を与えるという観点は、田中にとっては、政友会のスローガンとして体感される前に、まず、国防の大衆化を支える地方が疲弊しては困るというところから来ていた。半年前の軍人会の組織改革と政友会の党組織改革がアナロジーとして田中の頭のなかで理解されてゆくのは自然なことであった。

3・1　地方の掌握

田中は総裁就任後、党組織改革へのりだす。一九二五（大正一四）年一〇月七日・八日、全国支部長会議を東京に開催した。当時、文字どおりの支部長には、当該県出身の代議士が選出されていたが、この会議に招集されたのは実際に各支部の党務にかかわる支部幹事長クラスであった。田中は西園寺公望に対して、「七日支部長を寄せ将来執るべき政策を協議し、何等策抔を用ひず正々堂々地方の遊説を為す」[32]と、その決意を表している。会議では、島田俊雄党務員会長から次のような党勢拡張計画が支部長に諮られている。[33]①党勢調査、②党情通信（中央並に地方党情の通信）、③遊説（常設遊説隊設置、臨時遊説）、④視察（同志関係、敵情関係）、⑤政務党務連絡、⑥院外団、⑦別働隊、⑧支部長会議。

項目のみではどのような議論がなされていたのかわからないが、大分支部三浦覚一が「支部長会議の御催は極めて適切な事と思ふから今後毎年議会前頃に開いて頂きたい」[34]と発言しているので、大規模な支部長会議招集は、前代までの総裁の時にはみられなかったものだと推測できる。事実、『政友』で確認するかぎり、原・高橋時代は全国支部長会議のようなものを開いてはいない。田中以前には支部長ではなく支部代議員と呼ばれていた彼らは、党大会のため上京して、総裁に余興と御馳走で慰労される対象であった。また、地方との通常の連絡も、党務員会によって協議された内容が地方へ「通告」・「通牒」されるというかたちでなされていた(35)。

田中時代には、支部長会議は一年に最低一回招集され、党の基本方針の諮問に対する決定を行なっている。支部長を東京に集めた田中は、地方と総裁が直接接触する意志を表明する。「自分は第一線に立ち奮闘する……独り政友会員を相手とせず、国民一般に対し特に青年を重んじ邁進」する決意をもち、「政友会の凡てが自分に帰服し居る(36)」との自信に満ちていた。田中の自信を支えていたのは、地方遊説の実績である。総裁就任年の遊説先はかなりの数にのぼる。

五月　東北大会、青森県各支部分会発会式、栃木支部総会、新潟県支部大会
六月　石川県支部発会式、福岡県支部大会、岡山県支部大会
八月　兵庫県支部大会
一〇月　大阪・京都で在郷軍人会への惜別会
一一月　茨城県支部大会、滋賀県支部大会、同県で惜別会、和歌山支部大会、同県で惜別会、関東大会、中国四国大会、愛媛県支部大会、福岡支部大会

一二月　長野県支部大会、南信大会、北海道支部大会、山形支部大会

支部長会議の定例化など、下部組織から上部への、ある程度の意志疎通が制度化されたため、当然党内における党改革運動も活発化した。加えてここに、田中の幹部人事への反発も合流する。一九二六年三月の新幹部役員決定が長老の意向を無視するものだったので[37]、武藤金吉・吉植庄一郎・小久保喜七ら長老は率先して党費徴収・幹部公選を掲げた改革運動を起こした。これを受けて、田中は改革運動を先取りするかたちで、改革の内容を支部長会議で決定する方向にもっていった。会議への諮問事項は次の四点[38]。①普選準備への方針。各支部の事情は如何。②各支部は従来本部と連絡活動したが、今後は更に各支部の自発的活動を希望したい。各支部の意向は如何。③党員による党費負担は主義として望ましいが、どのような方法をとるか。④各支部から適材を抜擢して本部に招集し、党の政策・主義の遊説方針を打ち合わせ、徹底を図っては如何。

これに対して支部長会議（同年四月一九日・二〇日）は、①普選の対策については、各支部と協力して新有権者の吸収を図る、②支部の自治的活動については本部と支部とが連絡をとって組織的活動をする、③党費は一般党員の負担とし、徴収方法は各支部に一任、④各支部から三～五名を選抜して本部に特派し、遊説員の養成を行なう、と決議した。

田中は支部長会議直前の幹部会で、次のように開催の意図を述べていた。「政治的に地方自治の確立を期することが我党の主張なる如く、政党自体もまた余りに中央集権の弊に流れず各支部の自

治的発展に力を注ぎ、支部の発展とその努力に俟つべきであるから今後支部の能率発揮に意を用ひ、新しい力を注ぎたいと思ふ。これやがて民衆的政党として進む第一歩でなければならぬ」(39)。また同じ頃、長崎支部復活大会の祝辞のなかでも田中は、「今日は何事に依らず地方は中央に依頼し其指揮命令を仰ぐのみにて毫も自主独往の精神なく地方に在る者は其官たると民たるとを問はず啻だ中央の風のまにまに活動するが如き観(40)」があると演説している。

支部長会議の開催や遊説がどれだけ地方の党情を改善したかについて実証することは、現在のところ困難である。ただ、のちに政友会は地方民情党情視察を全国一斉に行なうことがあった(一九三三年一〇月)が、その際少なからぬ支部から、次に示すように、中央政界の事情を知らせるための遊説、地方事情を中央に伝えるための支部長会議の開催を求める声があがっている(41)ので、基本的な改善策ではありえたと判断される。

新聞紙悉く五・一五事件の内容を暴露して政党の攻撃をする時代に、政党が徒に沈黙を守つて居ることは、自滅に導くものと認める。速かに党は方針を立て丶、支部と連繫をして、憲政を常道に復する与論を地方に起すべく本部の決意を要求する。其の方法については種々の方法もあらうが、先づ以て支部長会議を開かれ丶ば、吾々は進んで此の意見を堂々と本部に進言したいと考えて居る。

3・2　会則改正

地方の掌握を試みたのち、田中は政友会会則（一九〇〇年制定）の改正を行なった。改正の主なポイントは次の四点。①総裁公選、任期七年。②重要事項を議決する常議員をおく（三〇名公選、二〇名総裁指名）。③総務は常議員のなかから総裁が選任。④各役員の任期は一年。⑤院内総務・役員は代議士会で互選。会則改正は初めてのことであるが、すべてが新しい手直しであったわけではない。なかには、伊藤総裁辞任・西園寺総裁就任時（一九〇三年七月）の党内混乱に対してとられた臨時措置を明文化したものもある。②と③はそのような側面がつよい項目である。また、青年の掌握ということでいえば、支部長の銓衡した支部青年党員の政治講習が始められた（一九二六年九月）。一ヵ月一五〇名程度の規模でスタートしたが、講習会修了者を中心として大阪では政友会大阪青年部の大会が開かれるまでになった（一九二七年一月一三日）。

支部長会議の組織化・支部活性化・総裁による地方遊説を促進した田中の手法は、原のそれとは異なっていた。一九一四（大正三）年六月、原は総裁に就任する。原はすでに実質的な党のリーダーであったから、田中のように地方へ自己を披露する必要はない。しかも強靱な党内統率力が原の政治力を支えていたのだから、両者のあいだの組織化の哲学に差があるのは当然であろう。ただ、原の総裁就任の年の遊説先が盛岡だけであるのはやはり注目される。地方遊説内容の決定も、たとえば、次に引くように少数幹部によって無造作に行なわれていた[42]。

大岡（育造）、高橋（光威）等始め地方遊説に出掛くると云ふに付、打合会を三縁亭に開らき大体の方針を定めたり。廃減税の如き、財源之を許し、又他の諸税権衡を得るに於ては之を賛成するに躊躇せずと云ふ事となし（後略）。

田中以後をみると、犬養毅は支部長会議を開催しておらず、鈴木喜三郎は総裁就任後三年たった時点で開いているが、地方遊説の頻度もふくめて田中の方法を踏襲したものであった。[43]

3・3 まとめ

三谷氏は大隈が政党政治をアマチュア化したという。その大隈は、一九一五（大正四）年の総選挙で都市・農村の自発的組織を自己の傘下に吸収することに成功し、非政友勢力結集のシンボルになった。このことは地方においても二大政党制への道が開かれたことを意味した。[44] それより先、大隈のいわゆるアマチュアリズムを自覚的に軍の大衆化のために使っていたのは田中であった。一九一一（明治四四）年六月、田中（第二旅団長）は大隈を歩兵第三連隊の視察に招いた。この縁で、軍人会機関紙『戦友』に「国民皆兵の精神」、「世界の大勢を論じて軍人後援事業に及ぶ」などを大隈は寄稿するようになった。[45] その要旨は、それぞれ、①軍隊教育と国民教育が結びつくべきである、②どのような活動を行なう場合も、兵営にいる時の覚悟と緊張をもって臨むべきである、というものであった。大隈と田中は、先に述べた吉野の論理（「国民に軍事思想を注入すること」「軍隊に国民良識を注入すること」）でしっくりと結びつくのである。そして、大隈は政党を大衆化し、田中は軍を大衆化した。

政友会という政治集団は、政党制の確立期に、このようなバックグラウンドを持った田中を吸収した。田中は在郷軍人会育成を通じて体得した地方掌握の方法を政友会に移入した。それは、「老政治家」古島一雄が次のように語る文脈とは、かなりちがうイメージを持つものだった。行論中明らかにしてきたとおり、実は田中の大雑把な発言には別の意味も隠されていたと考えられるのである。

（選挙に勝つ見込みがあるかとの古島の問いに答えて田中は、引用者注）「おお！　それはある。俺は在郷軍人三百万を持っているでのう！」と平然として答えたので、これはとんでもないと、爾来田中は政党総裁としては落第ときめていたのである。(46)

そして、田中の導入した地方掌握の方法は、犬養によってではなく、鈴木によって継承された。一九二七年一一月以来開催されていなかった全国支部長会議は、鈴木総裁時代の三四年七月に再開された。その会議では党費規定案、青年政治講習会、青年部組織についての諮問がなされ、原案が承認されている。(47)翌月には政友会青年部の組織規則が決定されてもいる。田中によって先鞭をつけられたものが、鈴木によって整備されているのである。政友会が横田以降、「右」に旋回する際に、田中・鈴木が中心的な役割を果たしたことはもとより明らかである。ただ、この両者に共通するものが、内政の点でみれば、地方と青年を掌握することであったことは興味ぶかい。在郷軍人会を既存の地方制度網に一体化させた延長線上に、政党の地方組織改革の問題を位置づけてみることが可能である。

とすれば、必然的に視野に含まれてくる既存の地方制度の自治的改変に、政友会の政策が収束してゆくのもうなずける。地租委譲は結局実現しなかったが、府県制・市制および町村制改正案は第五六議会を通過し、団体と議会の権限を拡張した（一九二九年四月法律第五五〜五七号として公布）。団体自治権については、府県に新たに条例・規則の制定権を認めたほか、市町村の条例制定・起債にたいする国の監督権は狭められた。また、地方議会の権限については、府県会・市町村会ともに議員の発案権が与えられ、府県知事の府県会停止権は削除された。三〇年代初期の不況と軍事費拡大は、財政的裏づけのない地方自治の発展を許さなかったが、その様相を探ることは、本章のテーマで処理できる課題ではなく、別の機会を用意しなければならない。

本章は、限られた視角から、田中が政友会に与えた影響とそれが制度化される筋道を考察した。〈革新派論〉の範囲内で論ずるとすれば、森恪などを取り上げて同様の視角で論ずることが可能であろう。

注

（1）三谷『日本政党政治の形成』東京大学出版会、一九六七年、有泉『明治政治史の基礎過程』吉川弘文館、一九八〇年、坂野編『日本近代史における転換期の研究』山川出版社、一九八五年など。

（2）伊藤氏は明示的には述べないが、国家機構論偏重の政治学に対抗してでてきた、アイゼンクの『政治意識』（Eysenck, H. G., *The Psychology of Politics*, 1954）などの業績を、当然ふまえているはずである。

（3）「なぶる」の使いかたは、升味準之輔『日本政党史論』第四巻、東京大学出版会、一九六八年、二六一頁の以下の記述を参照のこと。「彼（原のこと、引用者注）が好んだのは個々の人間をなぶることである。これは政治家に不可欠の趣味であり、山県や伊東もこれを有したが、それは庭園や盆栽をなぶる趣味と並存した。原にとっては人間をあつかうことが、唯一最高の趣味であった」。

（4）一〇頁。ほかに、弱い革新派のイメージの指摘は、伊藤「戦時体制」、中村隆英・伊藤編『近代日本研究入門』東京大学出版会、一九七七年、九七頁に、「議会においても『革新』派が主流を占めるどころか、旧既成政党勢力がむしろ主流をしっかりと占めたのであった」とある。

（5）『社会科学研究』二四―一、二五―四、二七―一（東大社会科学研究所、一九七二～七五年）所収。

（6）「戦前の中の戦後と戦後の中の戦前」、近代日本研究会『年報・近代日本研究 10 近代日本研究の検討と課題』山川出版社、一九八八年、二六〇頁。有馬氏は当時の権力を、統合化と細分化を同時に行なうタイプの構造を持つものと想定し、従来の統合モデルは主体を確定できないままにおわる轍をくりかえすだけであると指摘する。

（7）前掲『昭和初期政治史研究』二五五頁。

（8）　拙稿「昭和一二年における政治力統合強化構想の展開―大本営設置と内閣制度改革」、『史学雑誌』第九六編第八号（一九八七年八月）、「再検討・軍部大臣現役武官制復活問題―陸軍中堅層と二・二六事件後の政治」、『史学雑誌』第九九編第九号（一九九〇年九月）。この二つの論文は、改稿の上、拙著『模索する一九三〇年代　日米関係と陸軍中堅層』山川出版社、一九九三年に所収。
（9）　伊藤之雄『大正デモクラシーと政党政治』山川出版社、一九八七年。
（10）　在郷軍人会についての最も信頼すべき研究は、現代史の会共同研究班（藤井忠俊・白石弘之・大木康栄・山西道子）「在郷軍人会史論」、『季刊現代史』第九号、本章も多くの部分をこれにおっている。
（11）　藤原彰『日本軍事史』上巻、日本評論社、一九八七年、由井正臣「総力戦準備と国民統合」、『史観』八六・八七合併号（一九七三年）。
（12）　Richard J. Smethurst, *A Social Basis For Prewar Japanese Militalism*, (University of California Press, 1974).
（13）　注（10）に同じ。
（14）　北岡伸一『日本陸軍と大陸政策』東京大学出版会、一九七八年。
（15）　井上友一「在郷軍人会と青年会との聯絡に就いての希望」、『戦友』六九号（一九一六年三月）。井上によれば、会合に参集したのは、田所美治（文部省普通学務局長）、渡辺勝三郎（内務省地方局長）、中川望（同衛生局長）、小松原英太郎（枢密顧問官）、岡田良平（寺内内閣で文相）、早川千吉郎（実業家、三井）、一本喜徳郎（自治の専門家）、道家斎（農商務省農務局長）。『戦友』は東京大学法学部付属明治新聞雑誌文庫にそのバックナンバーのほぼ半分が収蔵されている。
（16）　渡辺治「帝国主義期の支配構造」、『歴史学研究別冊特集』（一九八二年一一月）。
（17）　一九一五年三月付田中宛寺内書翰、「田中義一関係文書」第三三冊（国立国会図書館憲政資料室所蔵）。
(18)『戦友』六三号（一九一五年九月）。
(19)『戦友』七二号（一九一六年六月）。
(20) Smethurst, *op., cit*, p. xv.
(21) 一九一五年二月三日付寺内宛田中書翰、「寺内正毅関係文書」（国立国会図書館憲政資料室所蔵）三三五―三四。
(22) 帝国在郷軍人会本部『帝国在郷軍人会三十年史』一九四四年、同『帝国在郷軍人会業務指針』一九二九年。
(23)『戦友』一七五号（一九二四年一一月）。
(24)「帝国在郷軍人会規約改正ノ要旨」、『帝国在郷軍人会業務指針』一〇六～一一二頁。
(25) 一九二五年一月二九日第一回評議会での田中の講演、『戦友』一七七号（一九二五年一月）所収。
(26) 一九二五年一一月一九日和歌山市での田中の講演「軍事ヨリ政治へ」、「田中義一関係文書」第五冊所収。
(27) 吉野作造「軍隊と国民」、『日本政治の民主的改革』新紀元社、一九四七年、所収。この部分は一九一九（大正八）年発表のもの。
(28) 高倉徹一編『田中義一伝記』上下巻、田中義一伝記刊行会、一九五八年。
(29) 伊藤之雄「護憲三派内閣の形成と展開」二九頁、土川信男「護憲三派内閣期の政治過程」、ともに、近代日本研究会『年報・近代日本研究　8　政党内閣の成立と崩壊』山川出版社、一九八四年。
(30)『山梨県議会史』第三巻、一九七四年、山梨県議会、一二三三頁。

(31) 政友会の地方分権論を扱かった意欲的な研究として、小関素明「日本政党政治史論の再構成」、『国立歴史民俗博物館研究報告』第三六集(一九九一年)。
(32) 松本剛吉が西園寺から聞いた内容。岡義武・林茂校訂『大正デモクラシー期の政治』岩波書店、一九五九年、一九二五年一〇月二日の記事(四四五頁)。
(33)(34) 『政友』二九六号(一九二五年一一月)。
(35) 「臨時総選挙に関する件通牒」、『政友』一七七号(一九一五年二月)、「各支部等への通告」、『政友』一八一号(同年六月)、など。
(36) 前掲『大正デモクラシー期の政治』、順に一九二五年一一月四日(四五四頁)、同年一一月二六日(四五九頁)の記事。
(37) 松本剛吉は「人選に付き、総裁の指名が予の進言及び野田氏の考えと全然一致を欠きたる為め、非常なる紛擾を醸す」と伝えている。同前書、四八八頁。
(38) 『政友』三〇二号(一九二六年五月)。
(39) 同前。
(40) 「政友会長崎支部復活大会における田中総裁祝辞」、「田中義一関係文書」第六冊所収。
(41) 「地方民情党情報告」、『政友』三九八号(一九三三年一〇月)。
(42) 『原敬日記』第四巻、福村出版、一九六五年、一七頁、一九一四年七月五日の条。
(43) 『政友』四〇八号(一九三四年八月)。
(44) 大西比呂志「大正政変期の埼玉県政界」、『埼玉県史研究』一六(一九八六年三月)。
(45) それぞれ『戦友』二〇号(一九一二年六月)、二二号(同八月)。
(46) 古島一雄『一老政治家の回想』一九五一年、中央公論社、中公文庫版、二一七頁。なお、古島のこの有名な一節の持つ、実は深い意義に自覚的であり、正確な田中義一像を描いた業績として、雨宮昭一「田中（義）内閣――憲政常道体制初期における政治反動――」、林茂・辻清明編『日本内閣史録　3』一九八一年、第一法規がある。

(47)『政友』四〇八号（一九三四年八月）。

第三章　日露戦争開戦と門戸開放論

——戦争正当化の論理——

1　はじめに

日清戦争の始まった一八九四（明治二七）年からちょうど一〇年目の一九〇四年に日露戦争は始められている。三国干渉への恨みを晴らすために、一〇年間臥薪嘗胆を誓った国民と政府が一致して、着々と戦争準備を進めてロシアに宣戦布告した、といった解釈は、実証的な見地からいえば完全に間違っていることはいうまでもない。しかし、昭和戦前期までの初等教育においてはこうした説明で教えられてきたからか、筆者が授業や講演の場で、日露戦争前の国民や政府の戦争への見方が非常に冷めたものであったという話をすると、意外なことを初めて聞くという顔をする聞き手がいまだ多い。

1・1　最近の研究動向

優れた近代史研究者の一人である坂野潤治氏が述べるように「日本国民のかなりの部分と支配層の一部は、日露戦争の直前までは、むしろ厭戦的であった」(1)といってよかった。一九〇二年末の第一七帝国議会において、衆議院の過半数を占める政党・政友会は海軍拡張の財源を捻出するための地租増徴継続案を否決し、その結果、桂太郎内閣は一二月二八日に衆議院を解散するが、その後の総選挙でも政友会は党勢を維持した。解散、総選挙の過程で内閣支持勢力を増やそうとした政府の目論見は失敗する。政友会などの政党勢力は、同年一月に日英同盟協約が締結されたことで、むしろ軍拡の必要性は小さくなったと論じ、またもし軍拡が必要であるならば、地租増徴による財源ではなく、政府自らの行財政改革によって財源を捻出すべきだと論じていたのである。(2)

日露開戦にいたる過程を内政と結びつけて詳細に論じた伊藤之雄氏の近年の研究も、政友会を率いた元老・伊藤博文の財政整理路線が説得力を持ち続け、また、一九〇三年七月伊藤が政友会総裁を辞任し枢密院議長に就任することがなかったとすれば、元老の伊藤と井上馨に支持された政友会の日露宥和路線が継続し、日露が戦う必然性はなかったのだと説いている。また、日露間において開戦直前までなされていた数度の日露交渉(一九〇三年七月～一九〇四年二月)で議題とされた論点や、日本の元老会議の内容の変遷を緻密に検討した結果、千葉功氏は、(3)これまで、開戦に積極的なグループとみなされてきた山県有朋・桂太郎・小村寿太郎らと、消極論の代表とみなされてきた伊藤との間には、「満洲問題と朝鮮問題は密接不可分であるからこの二つの問題を同時にロシア側と交渉する」との立場においては意見の相違はなかった、と論じている。ここでいう満洲とは、清国東北部の三つの省、盛京省、吉林省、黒竜江省を指している。また千葉氏は、ロシア側の最終回答がより迅速により確実に日本側に到着していれば、日露戦争は避けられたと述べる。

全体として近年の研究は、日本側の外交政策形成や国防政策形成を担った人物の考え方を微視的に解明することで、日露戦争に至らない選択肢を示すことに力点が置かれているように思う。そうした認識に私も異論はない。当時、日露戦争準備を進める立場にあった参謀本部総務部長の地位にいた井口省吾の日記には、政府首脳の戦争準備への消極性を嘆く言葉が随所に見られる。たとえば、開戦四ヵ月前の一九〇三年一〇月八日の日記においても、「桂総理大臣ノ決心確ナラス。優柔不断国家ノ大事ヲ誤ラントス」(4)と書き、政府を批判していた。このように、日本側の指導者の大部分、政党勢力、国民は開戦数ヵ月前までは、戦争に消極的な態度であったといえる。

1・2 本章の分析視角

しかしながら、開戦直前あるいは直後の時期においても、政府あるいは国民が消極的なままであったかといえば、そうではなかった。厭戦的姿勢のまま戦争に突入したのでは、とうてい、列強からの好意的な援助と外債引き受けは期待できなかったろう。戦争とは関係ない時期の一九〇一年八月の事例であるが、桂内閣は外債をニューヨークで募集するため努力したことがあった。しかし、募債は失敗する。日露戦争に要した戦費一七億円のうち、外債が八億に達したことを思い出すまでもなく、この戦争を日本が戦うためには、戦争を日本側に同情と関心を持ちながら見つめ援助を与えてくれる列強の存在が不可欠であった。

日英同盟があったではないか、とひとはいうかもしれない。しかし、日英同盟の役割は、独仏二国がロシア側に加担して日本との戦争に加われば、イギリスも日本側に立って戦争に加わることで、独仏二国が極東の戦争に加担しないように牽制するところにあった。そうであれば、あり得べき戦争のかたちは、ロシアと日本の一国同士の戦争ということになり、日本が一国を敵とする限り、イギリス側も中立を守る義務があった。イギリスのなしうる援助が、外国で建造された戦艦を日本側が購入しやすいように裏面で援助したり、技術を供与したり、外債募集に積極的に応ずるといった間接的なものになるとの見通しは、日本側もよく自覚していた。またアメリカも、中国における列強間の経済的な機会均等原則がロシアによって妨害されることに対しては積極的に反対の態度を表明し、満洲問題においては常に日本に好意的な態度をとっていたが、武力行使をしてまで日露関係の問題に立ち入ってくるとは考えられなかった。

よって、日本がロシアに宣戦布告する決意をする場合、この戦争がどのような目的のためになされなければならないのか、すなわち、日本に好意的であったイギリスやアメリカの政府や国民に向けて、戦争を正当化する作業が不可欠なものとなったと考えられる。日本とロシアが戦争前に数度にわたって交渉していた具体的な内容が、たとえ朝鮮半島をめぐる問題だったとしても、朝鮮問題の解決を掲げただけでは、列強はこの戦争を本気で支援する気にはならなかったに違いない。

アメリカやイギリスから見て、朝鮮問題がしょせん日露間の紛争であり、極東の片隅の問題であると認識されてしまえば、関心と支持は引き出せない。この点に自覚的であった若き軍人がいた。後に一九三七年、元老から内閣総理大臣になることを推薦されながらも、陸軍からの反対で組閣に失敗してしまう宇垣一成である。宇垣はこの当時、一九〇二年九月から一九〇四年四月まで、ドイツに駐在していた。宇垣はいう。「我外交は常に守勢的に陥り遂には満洲問題の解決を近く朝鮮半島上に導きたるやの観あり。即ち欧洲列国をして日魯関係の解決は満洲問題にあらずして朝鮮問題なりとの感を起さしめつゝあり。之れ果して真ならば外交上の一失敗と謂はざる可らず」(5)。宇垣の考えでは、朝鮮問題は一九〇二年の日英同盟協約の締結によって既に解決済みなのだから、戦争がなされなければならない理由として朝鮮問題を持ち出すのは、ヨーロッパから見ていると不可解だといって批判していた。

よって、本章は、従来の研究によってなされたような、現実に行なわれた日露交渉の内容から、日本にとって戦争目的が何であったのかを知ろうとする方法をとるのではなく、開戦前後において、日本がどのように戦争を正当化しようとしたのか、その正当化の論理を検討したいと考える。政府の外交交渉の過程や国民の言論のどこをみても積極的な開戦論がみいだせなかった消極的な時期を経て、いかにして日本は戦争に突入していったのか、その一大飛躍を可能とした論理が何であったのかを考えたい。事実、一大飛躍はあった。日露戦争の同時代人で、非戦の立場から戦争を怜悧に観察していた幸徳秋水は、開戦後約二ヵ月たった一九〇四年四月三日付の週刊『平民新聞』に、痛烈な皮肉をこめて次のように書いている(6)。

我国民の多数、口を開けば即ち曰く、『文明の外交』『王者の師』『仁義の戦』『帝国の光栄』と。無邪気なる哉、金太郎の鉞を揮ふが如く。可愛らしき哉、桃太郎の鬼ヶ島を征伐するに似たり。個人と国家と倶に醒めては金太郎を学び、寝ては桃太郎を夢む、永く如此くなることを得ば、真に美なる哉。

国民が日露戦争における日本の立場を文明の立場に擬したり、戦争を王道にしたがった正義の戦い、あるいは仁義の戦いとみなしたりしているのは、あまりに無邪気なもので、あたかも御伽噺の金太郎や桃太郎が悪者を退治するような単純さで戦争をみているものだ、といって秋水は批判していた。このように、日本の国民がある種の確信をもって、戦争を眺められるようになったのはいかなる経緯によるものか、以下に分析したい。

2　戦争の論じられ方

2・1　帝国議会（衆議院）と政府の衝突

「はじめに」でも述べたが、開戦一年ほど前の帝国議会（衆議院）と桂内閣との関係をみると、これでよく戦争が始められたとの感慨にうたれる。一九〇二年一二月六日に召集された第一七議会は、地租増徴継続案を政友会と憲政本党などの政党側が否決したために、同二八日に解散されている。その約半年後の一九〇三年五月八日に召集された第一八特別議会は六月四日閉会するが、その間、衆議院の委員会が地租増徴継続案を否決したために、三日間の停会を命ぜられている。第一八議会がまがりなりにも無事に閉会できたのは、明治天皇の支持を背景に、桂内閣と政友会首脳部との間に妥協が成立したからであった。しかし、この妥協の過程で、政友会はその所属代議士一八七名のうち、六一名の代議士を脱党や除名で失わなければならなかった(7)。海軍拡張の財源を地租に求めたい政府が政党側の反対によって苦しむ一方で、軍拡に反対する政党の側も党勢の三分の一にあたる勢力をこの妥協で失った。政府と政党の対立は戦争直前まで持ち越され、同年一二月一〇日に召集された第一九議会も、政友会と憲政本党が提携して提出した、内閣弾劾の意味を含ませた奉答文（奉答文とは、議会の開院式にあたって天皇が下す勅語に対して議会が答える、本来は形式的な文章）を衆議院が可決したために、一二月一一日解散されている。こうしたなかで、一九〇四年二月戦争が始められた。

この過程で注目したいのは、第一八議会前後に除名されたり脱党したりした政友会員たちが、日露関係に対していかなる議論を展開していたのかということである。彼らが脱党した理由としては、政府との妥協方針を党員に諮ることなく決定した政友会首脳部への不信、党組織の改革要求のほか、対露宥和的な政友会首脳部への不満があったといわれている(8)。そこで、次に、第一八議会後に政友会を脱党した代議士小川平吉が議会においていかなる議論を展開していたのか、それを検討してみたい。小川の議論は、開戦の約八ヵ月前になされたものとしては、最も明確な対露強硬論の一つであった。対露開戦消極論が大勢を占めていた当時の状況のなかで、小川の議論がなされた背景とその意義を考えることは意味があるだろう。開戦前後における日本の対露姿勢の一大飛躍が、政友会の脱党組である小川などの議論を核としてなされたと予測できるからである。

2・2　小川平吉の満洲撤兵論と当時の満洲状況

小川がロシア問題にとりくんだのは早かった。一九〇〇年に起きた義和団事件を契機とした清国情勢の緊張に対して、東亜保全とロシアに対する国論統一の必要を掲げて、同年九月、近衛篤磨の下に結成された国民同盟会のメンバーとして小川は活動していた(9)。政友会機関紙『政友』が日露親交論をさかんに唱えていた一九〇一年一二月、小川は『政友』紙上に「対露方針非満韓交換論」を掲載し(10)、政友会の対露宥和方針を批判していた。

さて、小川は第一八議会において、一九〇三年六月四日、外交問題について一時間ばかりの演説を行なった(11)。自分が政府に対して質問するのは満洲からロシアが撤兵するかどうかについての問題であるが、自分の意見はこれまで質問してきた議員たちとは異なるのだ、とまずは切り出している。小川は、本来は実施されていなければならないロシアの第二期撤兵が、その期限(一九〇三年四月八日)を二ヵ月も過ぎてもなされていない点を問題であるとした。ロシアと清国の間に一九〇二年四月八日調印された満洲還付協約は、ロシアが一九〇〇年の義和団事件後、満洲すなわち清国東北部の三省(盛京省、吉林省、黒竜江省)に、義和団の暴徒から自国の権益を守るためとして駐屯させていた軍隊を、調印日以降、六ヵ月ごと三度に分けて順次軍隊を撤退させる旨清国に約束した条約(12)であった。ロシアは一九〇二年一〇月八日、たしかに第一期撤兵を実行したが、翌年四月八日になされるはずの第二期撤兵はなされなかった。

小川は述べる。問題は、ロシアに第二期撤兵を実行させる点だけにあるのではなく、ロシアが東清鉄道(ロシアによって建設されたハルビン・旅順間の鉄道)守備のために兵隊を残す権利があると認めるかどうかにあるのであって、もし日本政府がこのロシアの権利を正当なものであると認めるならば、それは大きな間違いだと述べている。ロシアが撤兵後にも、東清鉄道沿線に守備兵を置く権利があると一般の人は認めているようだが、よく条約〔満洲還付協約第二条〕を調べてみると、こうしたロシアの権利が実際のところないことがわかる。鉄道契約〔一八九六年八月二七日に清国と露清銀行の間で締結された東清に関する契約(13)〕をみても、警察官吏を置くという条項はあるが、兵隊を置くという権利は書かれていない。以上が、小川の主張する第一点であった[14]。実際政治上で日本がロシアと何を交渉すべきかという点にまったく触れることなく、とにかくロシアに条約上の権利がない、との一点を論じている点が注目される。

2・3　小川平吉の満洲開放論

小川が述べた第二の論点は、満洲開放の主張であった。自分は、満洲の領土が欲しいとか、ロシアに満洲を取られることが羨ましいなどといった空漠とした考えで満洲の開放を論ずるのではない、と小川はいう。日本の人民が通商上発達していくのにまことに適切な場所である満洲がロシアによって閉鎖される点が問題なのである、とした。「此満洲開放に向かつては、亜米利加でも、英吉利でも、世界各国が、是に対して賛成を表して居るのでありますからして、吾々は一日も速に満洲を開放すると云ふことに付ての、策を講じなければならぬ[15]」といい、演説の最後を「〔満洲の開放を要求するのは〕正当なる名義がある、是に加ふるに我国民の生存条件として、発達の条件として、満洲の開放を請求いたしますから、実に名正しく事順なりで、此位結構なる請求はなからうと思ふ[16]」と締めくくっている。清国の門戸開放に対しては、英米も賛成し世界の大勢なのであるから、満洲開放は正義にかなった請求だと論じていた。

小川がここで論じた満洲の門戸開放論が、一八九九年九月六日、アメリカ国務長官ジョン・ヘイが英・独・露三国政府に向かって、清国の経済上の機会均等をその範疇とする提言を発議した「門戸開放宣言」[17]を前提にしていたのはもちろんである。本宣言は最終的に英独露日伊仏六ヵ国に提議され、結果的にすべての国から原則的な同意をとりつけたが、元来、本宣言の主たる対象はロシアにあった[18]。具体的な提議としては、よく知られたように、①各国の「勢力範囲内」("spheres")に揚陸されたり舶載されたりする一切の商品に対する関税は、その国籍にかかわらず清国税則に従って課税され、その税課は清国政府によって徴収されること、②「範囲内」の一切の港に寄航する船舶に対する港税は自国と他国で区別しないこと、また「範囲内」に敷設された鉄道において、その運賃は自国と他国で区別しないこと、であった。すなわち、関税、港税、鉄道運賃についての機会均等が求められていた。しかし、一八九八年、ロシアが清と締結した東清鉄道南満洲支線の経営に関する条約には、鉄道が完成した暁、ロシアの鉄道運賃と関税を、他国に比して有利に設定すると書かれていた。よって本宣言の眼目は、満洲を綿織物輸出市場として重視していたアメリカが、中国一般というよりは、満洲市場の機会均等をロシアに求めたことにあったとみなせる。

しかし、ロシアはアメリカの門戸開放宣言に対する回答において「租借地外の港に於て関税に関し自国民のみの特権を要求せず」との範囲で賛同したが、前掲の②の港税・鉄道運賃については言及しなかった[19]。この点に関する明確な同意をアメリカに与えなかったのである。その後、一九〇三年四月八日を期限とする第二期撤兵がなされなかったことで、撤兵問題と門戸開放問題が結びつくようになった。というのは、ロシアが同年四月一八日、撤兵と引き換えに排他的な七ヵ条からなる新要求を清国政府に提出していたことが判明したからである[20]。たとえば、第三条には、満洲において新たに開港開市場を設けないこと、外国領事の駐在を許さないことなどの要求があった[21]。これは清国の主権を侵害しているだけではなく、門戸開放主義にも反するものであった。開港場の要求は清国と当該関係国との間で自由に協定されるべきものであり、さらに他国領事の満洲駐在を禁ずることは最恵国主義にも反するものであった[22]。当時、日本とアメリカは、清国との間にそれぞれ通商条約の改訂交渉を行なっていた。その交渉過程においては、日本は満洲において新たに奉天と大東溝を、アメリカはハルビンと大孤山の開市を求めていた。この改訂条約は、日米ともに共同歩調をとって一九〇三年一〇月八日に中国との間に調印されるが、もし、ロシアの新要求七ヵ条が成立してしまえば、日米の満洲における条約上の権利の侵害が予想されることになる。小川の満洲開放論の背景には、上述のような現実に進行する事態があった。

2・4　七博士意見書

法学博士で弁護士資格を有していたからか、小川の質問演説は、満洲に対するロシアの条約上の権利の有無を問題とするものであり、開戦を煽る煽情的な論とは程遠いものであった。この冷静な論調は、小川自身が自覚的に選択した戦術でもあった。小川は「伊藤公の考へでは、露国を撃攘せよなど丶いふのは頑固一徹な融通の利かぬ浪人の意見だと云つて斥ける次第なので、然らば西洋通の学者を引張り出して鼻をあかせて遣れと云ふ事になり、例の戸水寛人、寺尾亨など所謂七〔正しくは、金井延、寺尾亨、戸水寛人、富井政章、中村進午、松崎蔵之助の六〕博士の意見を徴した[23]」と回想で述べている。これは、国民同盟会がその活動の一環として、一九〇〇年九月、帝国大学教授らに対露強硬論についての意見書を起草させ、時の総理大臣山県有朋に建議させた一件であった。浪人ではなく学者の論で攻めたというのだろう。さらに、小川自身、第一八議会後に行なった一九〇三年七月一二日の京都遊説でも、「感情を以て満洲問題を論ずるの愚を論じ(24)」ている。

さて、これまで小川が外交問題についての質問演説を桂内閣に対して行なったことをみてきたが、ロシアの条約上の権利についての小川の分析は、小川の独創ではなく、専門家の分析がそのベースにあった。一九〇三年六月一〇日、東京帝国大学の小野塚喜平次、金井延、高橋作衛、寺尾亨、戸水寛人、富井政章、学習院大学教授中村進午の七博士は、「満洲問題に関する七博士の意見書」を桂首相、小村寿太郎外相、山本権兵衛海相、寺内正毅陸相、元老の山県有朋・松方正義に手渡し、あるいは郵送した。同年五月三一日から作成が開始された七博士意見書に小川は関与しており、これはちょうど第一八議会における小川の演説と時期が重なる。よって、まずはこの意見書の内容を確認しておこう(25)。これまでこの意見書は広く知られてきたが、開戦論を唱えたということ以外、内容の詳細についてはあまり論じられたことはなかった。

意見書によれば、満洲問題が解決されなければならない理由は、法理上の問題であるという。ロシア軍隊の満洲地域からの撤兵は義務だが、東清鉄道沿線にロシアが置いている守備兵も同時に撤退しなければならないと主張している。一九〇二年四月八日に締結された満洲還付協約第二条は次のようなものだった。「清国政府は満洲に於ける統治及行政権を収復するに方り、一八九六年八月二七日露清銀行と締約せる契約の期限並に其他條款の堅守を確認し、又該契約第五條に遵ひ鉄道及其職員を極力保護するの義務を負担し、又均しく満洲在留の一般露国臣民及其創設に係る事業の安固を擁護するの責務を承認す」[26]。

そこでさらに、清国がロシア側の露清銀行と締結した鉄道契約第五条をみると「鉄道及び鉄道に使用する人員は清国政府より法を設けて之を保護し」という文章がある。そこで、清国政府がこうした法律を設けたか否かを確認すると、清国はいまだ嘗て法律を定めておらず、ロシア兵が鉄道を保護することを認めていないのである。ということは、ロシアの鉄道守備兵はこの条約に基づいたものではなく、また、清国の法律によるものでもない。このように七博士の意見書は論じていた。一読して、小川が六月四日、第一八議会で論じた第一の論点と同じ問題が論ぜられていたことがわかるだろう。七博士のうち、この核心部分を起草したのは高橋作衛であった[27]。そのことは、一九〇三年八月、高橋が書いた文章中「吾人が嘗て提出せし意見書中に論じ置きたれば茲に之を引用して説明に替ゆ[28]」として、七博士意見書の満洲還付協約第二条以下の文章がそのまま引用されていることからもわかる。ロシアが東清鉄道の鉄道守備兵を置く条約上の権利がないとの認識は、日本の外務省も同じく有していたものであった。同年五月五日、小村外相は在漢口の矢田領事館事務代理に宛て「鉄道護衛兵なるものに付ては清露両国間に何等の条約ある訳には無之候」と訓令していた[29]。

高橋作衛ら意見書作成にかかわった教授たちの少なくとも一部が、日本の政治主体のなかで、ロシアとの開戦準備に最も熱心に取り組んでいた外務省・陸軍省・海軍省の中堅グループと密接な関係を有していたことはよく知られている。(30)そのことはまた、七博士意見書のなかに次のような一文があることでも知られる。「刻下我軍力は彼と比較して尚ほ些少の勝算あることを、然れども此好望を継続し得べきは僅々一歳内外を出ざるべし(若し夫れ其軍機の詳細は多年研究の結果之を熟知するも事機密に関するを以て茲に之を略す)(31)」とある。

3　開戦論を引き継ぐ者
――おわりにかえて――

日英同盟の相手国であるイギリスは、日本がロシアとの対立を深めるのには消極的であった。アメリカもまた、消極的であった。アメリカの消極論の背景には、一九〇三年四月の第二期撤兵をロシアが行なわず、あまつさえ新要求の七ヵ条を清国につきつけた際、日英がどちらかといえば静観したのに対して、アメリカだけは単独でロシア政府に対して抗議を申し込んでしまった経緯があった。その後ロシアはこの新要求の存在を否定し、またアメリカの門戸開放姿勢を尊重するとアメリカに回答した。アメリカとしては振り上げた拳の置きどころに困り、アメリカだけがロシアの矢面に立たされて損をしてしまった、日英に裏切られた、との感触を同年の後半には持つようになっていた。一九〇三年六月二三日に開催された御前会議で日本は、満洲問題と朝鮮問題について、ロシアと直接交渉するほかはないとの決断を下したが、交渉内容は極秘とされた。その結果、イギリスやアメリカは、日本は最終的にロシアに妥協し、朝鮮を日本の勢力範囲とするかわりに、満洲をロシアの勢力範囲と正式に認めて、交渉をまとめてしまうのではないかと観察していた。当事者である日本が妥協しそうなのに、イギリスやアメリカがロシアに強硬な態度をとることはないとの思惑から、両国の新聞などは、ロシアが条約違反をしている点を糾弾する姿勢以上の態度には出なかった。

日本の新聞も、同様の態度をとっていた。ロシアへの明示的な開戦論はほとんどみられず、ただ、明確を欠く政府の外交姿勢と条約違反のロシアを批判するものだった。新聞の社説などは、小川平吉や七博士の意見書のうち、主として、満洲撤兵を行なわないロシアへの批判部分を受け継いで、議論を展開するものが多かった。『東京日日新聞』のように七博士の対露強硬論を批判して日露親善を説く新聞もあったが、『萬朝報』や『読売新聞』などは、小川や七博士の議論と通底する記事を掲げた。

『読売新聞』一九〇三年七月二四日付朝刊は「露国の通牒」と題して、次のような内容の論説を載せている。近日来の報道によれば、ロシアは米日英三国に向かって満洲の開放を誓う通牒を送ったという。しかし考えてみれば、このロシアの言はおかしい。満洲は清国の領土でありロシアの領土であったことはいまだかつてなかったのであるから、ロシアが満洲の開放を誓う権限などない。ロシアがこのような通牒を発したのは、撤兵問題をうやむやにして、満洲占領を事実上永久に行なおうとしているからである。問題はロシアが公約を列国に対して行ないながら、これを実行していない点すなわち満洲撤兵がなされていない点が今日の満洲問題のすべての根本にあるのだ。ロシアの満洲占領は「条約違反の占領にして、此れを法律的に解釈すれば即ち不法の占有なり」。結論は以下のように結んでいる。「露国の行動今日の如きを黙過し、事実的に満洲を占領せしむるは、明らかに東洋の平和を害す、吾が国は国際法上の権利として断じて此の横暴を排斥せざる可らず」。このように、ロシアとの開戦を煽るというよりは、あくまで国際法や法律論を持ち出してロシアの非を責めるという構造をとっていた。

こうした論法が、開戦直後になされた戦争正当化の作業に引き継がれていく。のちに大正デモクラシーの旗手となる知識人・吉野作造は、日露開戦直後に次のような文章を書いて、ロシアを文明の敵と名指ししていた(32)。

> 吾人は露国の領土拡張それ自身には反対すべき理由なく、只其領土拡張の政策は常に必ず尤も非文明なる外国貿易の排斥を伴ふが故に、猛然として自衛の権利を対抗せざるべからざる也。(中略)露の膨脹は独り日本の危険とする所たるのみならず世界の平和的膨脹の敵也。露国の膨脹を打撃せざるべからざるは其平和的膨脹の敵なるが故也。

ロシアによる満洲の門戸閉鎖を非文明であると断じて、世界の平和的膨脹のためにロシアを打倒しなければならないと論じていた。吉野作造は小川平吉の議論を開戦後に引き継いだといえるだろう。

開戦直後のアメリカにおいて、吉野作造と同様の役割を果たしたのが、朝河貫一であった。朝河はイェール大学で博士号を取得し、新進気鋭の歴史家としてダートマス大学で講義を受け持っていた学者であった。(33) この朝河は一九〇四年秋に *The Russo-Japanese Conflict, its causes and issues*（『日露衝突　その原因と争点』）と題する、英文にして四〇〇頁に達する大著を出版した。(34) この本はニューヨーク・タイムズ社説その他で取り上げられ絶賛を博したという。(35) 全体では序章のほかに二〇章もある浩瀚な書ではあるが、序章を除けば、第一章から二〇章までは、遼東半島、朝鮮、満洲における列強間の外交的政治的争覇の歴史が、各国の外交文書や統計書など客観的な信頼すべき史料に基づいて叙述されたものである。アメリカの世論を動かしうる戦争正当化の論理については、序章において集中的に述べられていた。

朝河は、日露戦争が新文明を代表する日本と旧文明を代表するロシアとの間の、二つの文明間の劇的な戦いだと説いている。(36) さらに二つの文明間に起こされた戦争の目標は何なのかと朝河は問いかけ、それは、資源は豊富だがいまだ発展途上の中国北部であると述べる。満洲はその一部であり、韓国はそれに附随するものである。この地域をめぐって、日本とロシアの利益は明確に鋭く衝突してきた。ロシアは地球上の巨大な部分を占めるこの地域の従属と閉鎖を要求し、日本はその独立と発展を求めている(37)――。朝河は後に日露講和会議にも関与していくことになるが、上述の戦争正当化の論理はシンプルにして明快なもので、アメリカ国民のなかに日本への支持を拡大するのに力を持ったと考えられる。
小川平吉や七博士らの開戦論は政府や国民の大部分が対露宥和論に傾斜していたなかでは少数派であった。しかし、彼らの開戦論は最初から国際法を論ずるもので、門戸開放論に依拠した論理構造を持っていた。そのため、日露戦争直前、日露間の外交交渉の行方が判然としない状況を経て、国民がある意味で突然開戦の報に接した時、小川平吉や七博士らの開戦の論理は、吉野作造・朝河貫一などの一級の知識人によって引き継がれ、開戦後の戦争正当化の論理として広く流布されていったのである。

注

（1）坂野潤治『大系日本の歴史　13　近代日本の出発』小学館、一九九三年、三二三頁。
（2）伊藤之雄『立憲国家と日露戦争』木鐸社、二〇〇〇年。
（3）千葉功「日露交渉――日露開戦原因の再検討」、近代日本研究会『年報・近代日本研究　18　比較の中の近代日本思想』山川出版社、一九九六年、同「満韓不可分論＝満韓交換論の形成と多角的同盟・協商網の模索」、『史学雑誌』第一〇五編第七号（一九九六年七月）。
（4）井口省吾文書研究会編『日露戦争と井口省吾』原書房、一九九四年、二五七頁。
（5）角田順校訂『宇垣一成日記　Ⅰ』みすず書房、一九六八年、二三頁。
（6）『平民社百年コレクション　第1巻　幸徳秋水』論創社、二〇〇二年、一一四頁。
（7）前掲、伊藤『立憲国家と日露戦争』一七七頁。
（8）同前書、二二六〜二二七頁、三一三〜三一四頁。

（9）岡義武ほか編『小川平吉関係文書　I』みすず書房、一九七三年、二四頁。国民同盟会は一九〇〇年九月、貴族院議長近衛篤麿を事実上の会長として結成され、中国の保全と満洲をめぐるロシアへの強硬態度を唱えたが、一九〇二年四月解散。
（10）同前書、二六頁。
（11）一九〇三年六月四日の小川平吉日記、同前書所収、一七六頁。「議会、外交に関する質問演説をなす、約一時間。演劇的議会此日を以て終局す」とある。
（12）条約調印の日より六ヵ月以内に、奉天以南、遼河に至る地方における露国軍隊を撤退させ、その地域の鉄道（山海関・営口間鉄道）を清国に引き渡す、さらに次の六ヵ月間に奉天省の残部及び吉林省より露国軍隊を撤退させる、そして最後の六ヵ月間に黒竜江地方から残余の露国軍隊を引揚げる、との内容。
（13）一八九五年一二月、ロシア蔵相ウィッテによって創立された銀行で、仏国実業家を大多数の株主としていた。東清鉄道に関する建設事業に関与する。
（14）「官報号外　明治三十六年六月五日　衆議院議事速記録第十一号」。
（15）同前書。
（16）同前書。
（17）同様の提言は、一一月一三日付で日本、一一月一七日付でイタリア、一一月二一日付でフランス、へとなされている。
（18）英修道『門戸開放機会均等主義』日本国際協会発行、一九三四年、五三頁。
（19）同前書、五六頁。
（20）一九〇三年四月二〇日付小村外務大臣宛在清国内田公使、機密第四七号「露国代理公使より提出の対清七ヶ条要求に関する件」、外務省『日本外交文書』第三六巻第一冊、一九五七年、六六頁。

(21) 一九〇三年四月二五日付小村外務大臣宛在清国内田公使、「露国の対清要求七箇条記載の公文写入手の件」、前掲『日本外交文書』第三六巻第一冊、八〇頁。
(22) 一九〇三年五月一日付在清国内田公使宛小村外務大臣、「露国要求に対する反対意見慶親王に提出方訓令の件」、前掲『日本外交文書』第三六巻第一冊、一一五頁。
(23) 前掲『小川平吉関係文書 I』二四〜二五頁。
(24) 一九〇三年七月一二日の小川平吉日記、同前書、一八一頁。
(25) 蔵原惟昶編『日露開戦論纂』旭商会、一九〇三年、一六七〜一七五頁。
(26) 満洲還付協約(仏語正文よりの翻訳)、外務省『日本外交文書』第三五巻、一九五七年、二二九頁。
(27) 高橋作衛が起草した建議書が七博士意見書のベースになったことは、戸水寛人『回顧録』、清水書店、一九〇四年。
(28) 前掲、蔵原『日露開戦論纂』一五一頁。
(29) 一九〇三年五月五日、在漢口矢田領事館事務代理宛小村外務大臣、機密第五号「政治上の事件に関し清国当路者と会談等に付訓令の件」、『日本外交文書』第三六巻第一冊、一五一頁。
(30) 前掲『小川平吉関係文書 I』三二頁。外務省政務局長山座円次郎、同通商局長坂田重次郎のほか、陸海軍部内の強硬分子と連絡があった。
(31) 前掲、蔵原『日露開戦論纂』一六九〜一七〇頁。
(32) 吉野作造「征露の目的」、『新人』(一九〇四年三月号)、『吉野作造選集』第五巻、岩波書店、一九九五年、七〜八頁所収。
(33) 矢吹晋『ポーツマスから消された男—朝河貫一の日露戦争論』東信堂、二〇〇二年、九頁。
(34) Kan'ichi Asakawa, *The Russo-Japanese Conflict, its causes and issues*, Boston (Houghton,

Mifflin and Co., 1904).
（35）塩崎智「アメリカのメディアに見る『日露衝突』評——その衝撃と限界について」、『朝河貫一研究会ニュースレター』第三七号（一九九九年六月）。
（36）*The Russo-Japanese Conflict, its causes and issues*, p.53.
（37）*Ibid.*, p.59.

第四章　中国とアメリカを同時に捉える視角

――一九一四〜一九一九年――

1　はじめに

近代日本の政治思想を専門とする平石直昭氏は、日本のアジア主義を「日本近代史上に隠顕する一つの思想的傾向、すなわち西洋列強の抑圧に対抗して、日本を盟主」とした結集を訴える思想であると定義した(1)。平石氏による定義は、かつて竹内好が提起した論点を踏まえて、よく考え抜かれたものである。竹内は、従来のアジア主義の議論、すなわち、自由民権論者によるアジア連帯論だけをアジア主義とし、玄洋社系の言論人による国権主義的盟主論などを大アジア主義として区別し、大アジア主義をアジア主義の逸脱した形態であるとみるのは誤りであると主張した(2)。さらに竹内は、アジア主義を「ある実質内容をそなえた、客観的に限定できる思想ではなくて、一つの傾向性というべきものである。右翼なら右翼、左翼なら左翼のなかに、アジア主義的なものと非アジア主義的なものを類別できる、というだけである」(3)として、あえて広く捉えたのである。

西欧列強の抑圧への対抗として、日本を盟主としてアジア諸国に結集を訴える思想傾向をアジア主義とすれば、当然のことながら、アジア主義は、日本において対外的危機意識が急速に増大する際に現れるはずである。明治国家にとっての対外的危機意識とは、国家にとって死活的に重要な利害＝国益が脅かされたと思われる時に発生する。国益とされたものは、民族の独立確保、不平等条約体制からの脱出、すなわち、国家的独立の真の達成であった(4)。その結果、朝鮮半島は利益線とみなされ、これをめぐり、日清・日露の二つの戦争が中国東北部などを舞台として戦われた。樽井藤吉が『大東合邦論』で、日本と大朝鮮国との合邦を唱えたのが日清戦争前の一八九三（明治二六）年。岡倉天心が『東洋の理想』で、インドの理想と中国の倫理と日本の運命を語り、アジアは一つと論じたのが日露戦争前の一九〇三年。日本を盟主として結集を訴える思想的傾向であるアジア主義は、たしかに日清・日露戦争を前にして日本社会のなかに影響力を持っていた。

さらに、昭和戦前期になると、国家にとって死活的に重要な利害とは日本の中国支配とされ、それを阻止しようとする英米など連合国に対して、対外的危機意識の矛先は向けられた。対外的危機意識は、ここで再び、日本を盟主とした結集をアジアに呼びかける発想を生み出した。尾崎秀実が「『東亜協同体』の理念とその成立の客観的基礎」などの一連の論稿で、中国の民族主義に対抗しうるような論理、すなわち、日本と中国と満洲とが運命を同じくする超国家体として協同した上で、アジアの農業問題の同時的解決を図らなければアジアは半植民地状態を抜け出せない、との論理を唱えたのは、第二次世界大戦前の一九三九（昭和一四）年だった。(5)

しかし、西欧列強からの抑圧への対抗として日本を盟主とした結集を訴える思想的傾向としてのアジア主義の定義としては、もう一つ思い出されるべき重要な構成要素があるのではないか。西欧列強の抑圧に対抗するためには、外に向かって結集を訴えるのと同時に、日本の国家や制度を根本的に改造しなければならないとの国家改造への内なる欲求も生み出されるはずである。アジア主義は、対外的危機意識から生ずる日本盟主論のほかに、同じく対外的危機感から生ずる国内改造要求をも伴うのではないか。

近代政治思想を専門とする坂本多加雄氏の「征韓論」解釈(6)や、国民国家論で注目された牧原憲夫氏の「大阪事件」解釈(7)は、このような筆者の考えがあながち間違いではないことを示している。簡単に説明しよう。坂本氏は西郷隆盛の征韓論を次のように解釈する。西郷は、「国家の元気」を取り戻し「因循姑息」を避け、国家の覆滅を回避するため征韓を必要だと考えた。西郷のなかでは、明治初年の専制政治から脱して、立憲をめざす国内改革の必要性と対外進出がセットで捉えられていた。牧原氏は大阪事件の中心的役割を果たした大井憲太郎の考え方を次のように解釈する。大井は、朝鮮独立運動援護のための義勇兵を日本で集めようとしたが、その一方で、大井は、このような義勇兵を使ったクーデターを日本で起こして、日本政府が国内改革に取り組まざるをえなくすることを考えていた。ここでも、国内改革の必要性と対外進出がセットで捉えられている。

日本の近代において、対外的危機意識に基づく国内改革要求が、最も広く論じられた時代は、第一次世界大戦期であった。国内改革要求は、たとえば貴族院改革、兵役制度改革、労働組合の公認化、税制改革、普通選挙制度実現など、多くの制度改革を包括的に要求するものであった(8)ので、国家改造要求とみなしてもよいかもしれない。この時期、第一次世界大戦を、新しい運動あるいは政治集団の発生してくる画期として最初に捉えたのは、丸山眞男「日本ファシズムの思想と行動」であった(9)。丸山は、北一輝が大川周明・満川亀太郎とともに猶存社を作った一九一九（大正八）年前後に集中して、国内改造と国際的主張とを一本に結ぶイデオロギーが誕生してくるさまに注目した。これを受けて伊藤隆氏は、この時期、華々しく政治の世界に登場する集団の特徴を、既成勢力の打倒をめざした改造運動である点にみた(10)。さらに有馬学氏は伊藤氏とは別の観点から、この時期に誕生した多くの集団を支えた政治思想を国家社会主義とみ、このような集団がなぜこの時期の政界に大きな影響力を持てたのかを探った。有馬氏は、集団の組織実態と政治思想を分析した結果、これらの集団が、農村問題への対処法と対外的危機意識への処方箋を共に持っていた点に、影響力を持てた理由を求めた(11)。

それではなぜ、第一次世界大戦という経験は、日本において幅広い国家改造運動を生み出したのだろうか。対外的危機意識はなぜ増大することになったのだろうか。開戦から講和まで五年を要したこの戦争の各段階において、対外的危機意識はいかなる事件を契機に生まれ、それはなぜ国内改造要求に結びついていったのだろうか。

第一次世界大戦期に新しい潮流が生まれたことに注目した丸山や伊藤氏や有馬氏も、その関心は、昭和期に力を持った政治集団（それを丸山はファシストと考え、伊藤氏は「革新」派と考え、有馬氏は国家社会主義者と考えた）の淵源をこの時期に遡って分析することにあったので、当該期の対外的危機意識と国内改造要求との内在的関係性は、いまだ十分に解明されてこなかったように思われる。この時期の対外的危機意識は、日本を盟主としたアジア諸国の結集を明示的に掲げることはなかった。しかしこの危機意識は、日本の国内政治改造への深く強い要求を伴ったのであるから、この時期の思想をアジア主義の問題として捉え返す必要がある。

本章では、第一次世界大戦期の日本において、太平洋の両岸に位置する国家、すなわち中国とアメリカとに日本が挟撃されるようなイメージが急速に形成されてくる現象に注目し、そのような傾向が現れてくる理由と背景についても考えたい。第一次世界大戦期に登場してくる多くの政治集団が国内改造を強く求めた根底には、いかなるイメージを伴った対外的危機意識があったのだろうか。

2　第一次世界大戦勃発と米中の中立

第一次世界大戦が始まって間もない一九一四年九月五日、日本の内務省は全国の町村長に向けて、次のような内容の注意を地域の人々に与えるように指示した。このたび、日本はドイツと戦争することになったが、その目的は「東洋の平和保全」のためなので、ドイツ皇帝やその国民に対して、汚い言葉で罵倒したりしてはならない、また、日本と中立国との関係について、とかく興奮のあまり、猜疑の念や間違った臆測などを述べる者があるが、そのようなことはいってはならない――。注目されるのは、冷静につきあわなければならない中立国として想定されている、中国とアメリカが、「吾が隣邦たる米支両国」という表現で表わされていたことである。(12)

日本と、中国・アメリカとの関係について、冷静であれ、という注意は、いったいどのような事態を想定して出されていたのだろうか。まず注意されるべきは、「興奮のあまり、猜疑の念」に最初にかられたのは、国民ではなく加藤高明外相であったことである。一九一四年八月六日、欧州戦争に対する局外中立を宣言した中国が、中国にある外国居留地を戦闘区域にしないよう、交戦国に折衝してほしい旨を、アメリカに依頼したのではないかとの、駐米日本大使からの情報が伝えられると、加藤外相は、八月八日、日本と中国の国交上地理上、またこれまでの日中関係の特殊の関係上、まずは日本に対してこのような依頼をしてくるべきである、もし、アメリカに対する中国の申し出が事実ならば、「容易ならざる次第」であると中国側に述べよと、中国駐在日本公使に報告を命じた。(13)

これに対して中国側は、①このような対米提議は、そもそも駐米中国公使からの意見具申によって行なったものであった、②日本をはずすというのではなく、アメリカと日本双方に同時に提案するはずであったが、日本側と折衝の機会を失した、との弁明に努めたが、一方で、日英同盟の関係上、日本が戦争に参加するのは避けられないので、日本に依頼するのを躊躇したとも述べている。[14]
たしかに、日本の対独戦争への態度は八月八日の元老・大臣会議で決定されており、同一五日には対独最後通牒が発せられていたので、中国側がその「領土保全と中立維持」の保障を、日本とイギリスではなく、アメリカに求めようとしたことには根拠があったろう。

一方、同じ頃ドイツは、戦域を限定して戦争を有利に戦うために、日本に対しては日独が極東方面で戦争する必要はないこと、中国に対しては膠州湾のドイツ租借地を中国へ還付する案を提示し、欧州戦争中の膠州湾の保全について中国側の好意を得ようとしていた。八月一四日の時点で日本側が得ていた情報によれば、具体的には、①膠州湾租借地を中国に還付する、②同地を通商港として開放する、③同地の防備を撤廃する、④同地所属の軍艦の武装を解除し、戦争終了まで中国政府で保管する、⑤同地軍隊武装解除と賠償問題は後日、ドイツと中国で協定する、との内容が中国側に提案されていた。[15]結局、中国は日独戦争に対しても、八月一七日、中立を宣言した。

これまでの議論をまとめると、イギリス・日本がドイツと戦争状態になったことで、中国がまずは自国の中立を確保するために、アメリカの好意を獲得しようとしたことである。一九〇二年に締結されて以降、その時までに二度の改定をみていた日英同盟は、「東亜およびインドの地域における全局の平和」の確保と「中国の独立と領土の保全」の確保をその目的に掲げていたが、今回の戦争において中国は、日英同盟の枠組みでの安全保障に頼れないと考えざるをえなかった。ロシアとドイツは八月一日、フランスとドイツも同三日にすでに戦争に突入していた。東アジアに発言力を持つ大国のうち、アメリカだけが中立の立場にいた。つまり、中立中国に対する加藤高明外相の不満は、中国がアメリカに保障を求めたこと、中国が膠州湾還付についてドイツからの交渉に応じたこと、の二点にまとめられる。

それでは、中立アメリカに対してはどうだったのであろうか。「猜疑の念や間違つた臆測」とは具体的にどのような内容を指していたのだろうか。それを次にみておこう。第二次大隈内閣は、対独戦役に対する臨時軍事費増額審議のため臨時議会を開いた（九月三日召集、第三四議会、会期九月四日～九月九日）。九月五日、衆議院本会議を秘密会にした上で、日独開戦をめぐる外交問題についての質疑がなされた。野党政友会から質問にたった小川平吉は、ニューヨークからの特電によれば、アメリカ政府が日本政府に対して次のような通牒を送ってきたと紹介しつつ、アメリカの「干渉」について質していた。――いわく、①アメリカ政府は、日本の参戦目的が中国における領土拡張にないことを了解する、②アメリカ政府は、日本が膠州湾を中国に還付する目的のもとに、日英同盟と一致する範囲内において行動することを了解する、③中国国内の擾乱、あるいは極東において重大な事件の発生した場合には、日本は膠州湾地域以外で行動する場合には、米国に協議すること、以上の三点を内容とするような通牒をアメリカが送ったのは本当なのか(16)――。

つまり、宣戦布告というような日本の自主的な主権の行使に当たって、アメリカが制約を加えたのではないか、最後通牒でわざわざ日本政府が「支那国ニ還付スルノ目的ヲ以テ」(17)と入れたのは、その文句を入れなければ英米が納得しなかったからではないか、との点を衝いて、加藤を批判しようとしたものであった。これに対して加藤は、次のように答えている。①日本政府は、最後通牒にあたって、アメリカにもその趣旨を伝えるため、八月一九日に声明書を出した、それに対して八月二一日、アメリカ側が厳正中立を遵守すべき旨を伝えてきた。その覚書には、②日本が中国において領土拡張を図る意図がなく、その行動が日英同盟によるものであることは、米国の満足するところであると述べられている。また、その覚書には、③もし中国内地に擾乱が発生した場合、日本あるいは他の諸国が措置をとる必要ありと日本政府が考えた場合には、事前にアメリカ政府と協議を遂げられるよう、アメリカ政府は希望する、それは、高平ルート協定に基づくものである、と述べられていたことを明らかにした。[18][19]

加藤外相は、基本的に小川の披露した情報について反駁してはいないが、重大な誤解があるとして、その誤解を正していた。その誤解とは、小川の挙げた第三点にあり、日本があたかも膠州湾以外の地域における中国の擾乱に対して、アメリカの同意なしに対応してはならないというような、そのような要請は、アメリカ側からは絶対になされていない、と明言している。加藤外相の反論は、現在残されている外交文書からみて正確なものだったといえる。いずれにせよ、中立アメリカに対する日本側の不満は、日本の対独最後通牒に関して、アメリカが厳正中立の表明以上の覚書を、日本政府に対して交付したのではないかとの疑念から来ていた。中国内地の擾乱にあたって、日本とアメリカがいかに対応するかという問題についての項目が、膠州湾以外の中国問題に日本は対応してはならないとするアメリカ側の要請だと誤解されてゆく構造があった。開戦というような国家の主権にかかわる問題に対して、アメリカが干渉を加えたのではないかという点こそが、小川の質問したかった点であった。

大隈内閣にとって二度目の帝国議会である、一九一四年一二月五日召集の第三五議会においても、問題は蒸し返されている。政友会の松田源治は、加藤高明外相に対して、おおよそ次のように質問した。[20]――日本がドイツに宣戦布告するにあたって、イギリスと日本が協議をしたことはよく知られているが、戦争の戦域についてイギリス側は日本に制限を加えたのではないかと、前議会で質問した。それに対して、加藤外相はそのようなイギリスからの制限は断じてなかったと答えた。しかし、八月一八日付の外電は別の事態を伝えている。ロイター通信が、イギリス政府の「官報」にあたる公報として発表したものによれば、戦域制限を日本政府とイギリス政府が協議した結果一つの協定が作られている。その協定の内容は、①日本の軍事行動は、シナ海を超えて太平洋に及んではならない。②日本の軍事行動は、シナ海の西方のアジア海を超えて行動してはならない。③日本の軍事行動は、東部アジア大陸におけるドイツ占領地以外の外国領土に及んではならない、つまり膠州湾以外に軍事行動を及ぼすことはできない、というものであった。このような制限を受けたということが公報に載せられている。これを加藤外相はどう説明するのであるか。もしこれが本当であれば、「日本の自主権、日本の独立権、日本の宣戦行動に関する一大制限」ではないのか――。

アジアからの独立と欧米列強からの独立、この二つを日露戦争によって達成したと信じている国民、少なくとも政友会の代議士松田源治にとっては、以上のような、参戦にいたる過程における同盟国イギリスのやり方は、日本の主権に対する干渉であると考えられたのであった。松田の質問は、戦域の制限問題だけでなく、膠州湾を中国に還付することについても、日本側はイギリスに言質をとられているのではないかと、質したものであった[21]。小川や松田の質問からは、政府の外交に対する国民の不満が、国家主権に関わる問題として捉えられ、噴出していたことがわかる。五年後の一九一九年、パリ講和会議において日本全権団が期待される働きをしなかったといって国民は不満をならしたが、問題はより根深く、より早期から起こっていたのである。

加藤外相はこの質問に対して、イギリスからこのような制限を受けたことはないと言明した。加藤の答弁は以下のようであった。――ロイター電が出された後、驚いてイギリスに照会した。日本側はこのような約束をしたことはもちろんないのだということを述べた。するとイギリス側は、公報で述べた文章には「右の如く日本の趣旨を了解する」という言葉が書いてあるので、これは日本が実際確約したかどうかということではなく、イギリス側がそう考えたということである、と弁解した。ここからもわかるように、日本側は断じてイギリス側に確約を与えていない――。

加藤の答弁は、イギリス外交のやり方を弁護するものではなく、むしろ、野党政友会の松田に向かい、イギリス外交の手口を隠さずに述べたものであった。では加藤は、自らが確約を与えたことは一切ないと申し開きをするためだけに、イギリス外交の内実をさらけだしたのだろうか。そうではないと考える。いくら日本側はいっていないと弁明をしても、実際にイギリス側の戦域限定の意思は、世界に公表されてしまっているのである。

そこで、当時の加藤の行動を内在的に理解するために、少し時間を遡らせて、開戦当初のイギリスと日本の駆け引きがいかなるものであったかをもう一度確認しておこう。当初、イギリス自身、戦争をヨーロッパ大陸に限定できると考え、短期決戦を予想していたために、日本の対独参戦に必ずしも積極的であったわけではなかった。八月七日、イギリスは日本に対して、シナ海で活動するドイツ仮装巡洋艦の日本海軍による捜索、撃退を依頼した。一方、八月八日、加藤外相は、元老・大臣会議で参戦の目的を限定しない決定をまずは行なっている。「東亜に於ける日本及英国の利益に損害を被らしむべき独逸国の勢力を破滅」させると、広い参戦目的を決定していた。このような加藤の積極性と電光石火の早業にイギリスは困惑した。イギリスには、自治領の動向や、アメリカの意向への配慮がもちろんあった。そのほか、東アジアの戦争は、中国内部の擾乱を誘発し、ひいては東アジア全体の騒動となり、イギリス貿易に大打撃を及ぼす、というのがイギリスの基本的な考え方であった(22)。イギリスは、いったんは、日本に対するドイツの仮装巡洋艦撃破依頼を撤回した。しかし、日本の海軍力を必要としていたイギリス海軍省の積極性もあり、八月一〇日、日英同盟の下での参戦という日本側解釈には同意を与える(23)。しかし同時に、イギリス外務省は、日本に対して、軍事行動の範囲を、シナ海の西および南、ドイツの租借地である膠州湾以外には広げない、太平洋には軍事行動範囲を広げない、と声明することを要求した。一方で、八月一三日、イギリス政府は、日本がドイツに行なう宣戦布告文には、戦域についての制限を記載しないことについて同意した(24)。このように、日本に対してイギリスはすでに二回譲歩していた。この背景には、八月一一日、当時海軍大臣であったチャーチルがグレー外相に書翰を出し、日本に対して戦域制限要求を行なうことは支持できない、ただ、何らかのかたちで日本がイギリスに対して、形式にかかわらず、戦域の制限に関して日本政府の保証を得られれば十分である、と主張したからであった[25]。

こうして、イギリス側は八月一三日、日英同盟を理由にした日本の参戦に同意し、また宣戦布告文には戦域の制限を付さないでもよい、との了解を日本側に与えた。しかし、依然として、戦域制限の保証についての日本側の何らかの言明を求めていた。このようななかで、加藤外相は、八月一五日、ドイツに対して、最後通牒を行なうことを閣議決定したのであった。一五日の最後通牒の文面は、注目される。まず、参戦目的は「英国政府の提議に基き日英同盟協約に予期せる全般の利益を防護」するため、とされた。ドイツに対する最後通牒の具体的項目は、①日本海・シナ海洋方面からドイツ国艦艇を武装解除の上、即時退去させること、②ドイツは膠州湾租借地全部を中国に還付する目的で、九月一五日までに、無償無条件で日本側に引き渡すこと、の二ヵ条であった。

膠州湾租借地が将来的に中国に還付される予定であることを述べた最後通牒の文面は、巧妙なものだったといえる。なぜなら、この文面によって、対外的には、日本の行動に対する安心感を獲得できると考えられたのであろう。しかし、ドイツがこの最後通牒で要求された事項を認める可能性はなかったのであるから、中国に還付する目的をもって、と書かれていた条件節は、日本とドイツの開戦によって、破棄されたと見なしうるとの考えが日本側にはあった。事実、加藤は開戦後、議会に対して、実際にドイツとの間に戦闘がなされた後に獲得した膠州湾租借地であるから、中国に還付する必要はないと述べている。あの条件は、開戦にいたる前に膠州湾租借地が日本側に引き渡された場合なのである、という論理であった。加藤は、イギリス贔屓などといわれていたが、この最後通牒つきの開戦については、イギリスに事前に知らせていなかった。それは、八月一六日、ロンドンの井上駐英大使が驚いて、最後通牒という形式をとった理由について加藤に説明を求めていることからもわかる。

八月一七日、イギリス大使は加藤外相を訪れ、日本側が何らかのかたちで戦域制限を言明しないつもりであるならば、イギリスは以下のような覚書を公表すると、加藤に述べた。それは、「日本の軍事行動地域局限声明に関する英国政府の意向」「日本の軍事行動地域局限に関する日本政府声明予報」であった。その結果、八月一八日、ロイターにイギリス政府の見解が出ることとなった。

以上の経緯を考えると、八月一三日の、日英同盟を理由とした参戦は容認、戦域制限の言明を要求、というイギリス政府の方針に対する加藤のいささか強引な回答が、一五日の最後通牒文であり、それに対するイギリス政府の、やはりいささか強引な対応が、一八日のロイターへのイギリス政府見解公表であったことがわかる。政友会の松田源治の質問は、まさに加藤にとってみれば、参戦理由と戦域制限をめぐる日英交渉への対応としての最後通牒の意味を質してくれるものであったのであろう。松田に対する加藤の答弁ぶりは精彩に満ちていた。戦域制限を最後まで言明しなかった点で、加藤の立場は、国家の主権侵害だと憤慨する松田の立場と、それほど離れていたわけではなかったのである。

この項では、開戦直後の日本でみられた日英同盟についての初めての疑念、中立中国と中立アメリカの連携に対して初めて生じた脅威をみてきた。疑念や脅威の根本に、宣戦布告する権利、すなわち国家の主権の一つが干渉された、との強い不満があった点に注目したい。こうした、きわめて原理的な対外的危機意識が、国家改造要求へと国民を導く一つの経路になっていった。

3 「戦後世界」と中国

思い起こされるべきは、同時代にあっては、第一次世界大戦の最終段階にいたるまで、ドイツの急速な敗退や、あのような内容の講和会議が開催されるとは、誰の目にも自明なことではなかったことである。一九一四年中に、青島・ドイツ領南洋諸島を占領してしまった日本にとって、実質上の「戦後」は早く来た。しかし、本当の「戦後」はそれから五年たって到来する。その間、日本側は何を考え、どのような「戦後」に備えようとしていたのだろうか。そのイメージのなかで、中国とアメリカはどのように語られていたのだろうか。

まずは、第一次世界大戦の終わり方について、どう考えられていたのかについて論じよう。同年一二月に戦線が膠着した後の戦争が、どのような終わり方をするのか、講和会議の議題はどのようなものになるのかについて、明確なイメージを持っていた国は稀であった。たとえば、日本全権団の一人であった松井慶四郎は自叙伝のなかで、次のように述べている。——いわく、講和会議本会議第一回を一九一九年一月二五日フランス外務省時計の間に開いた。議題は①戦争発起人の責任、②戦争中の犯罪に対する制裁、③労働問題であった。そして、次に予定されている議題は国際連盟の問題であって、直接戦争と重大な関係があり戦争の始末に関する問題は後回しになった。先に述べたような三つの問題を第一回の本会議に出すのは随分変なものであって、世間でも大分非難があった(26)――。

ドイツへの要求項目ではなく、上述の三つの議題が、大方の予想に反して優先的に論じられたのは、アメリカとイギリスの国内事情に起因するところが大きかった。日本だけでなく他の国も、必ずしも上述の三つの議題に対する準備を戦争中にしていたわけではなかった。たとえば、イギリスでさえ、この戦争の終わり方を、ドイツに対する決定的な勝利を獲得できないままに終結すると予想していた。

つまり、イギリスは、妥協による講和が締結される可能性が高いとみて、戦後にはドイツが大規模な輸出振興策と「ダンピング」政策によって、再び経済の再浮上を図ってくるとの予想をたてていた。そのためイギリスは、主要連合国間に、一九一六年、パリ協定を締結する。これは、戦後に予想される、ドイツによるダンピングへの対抗措置を連合国間で約束し、ドイツとオーストリアに最恵国待遇を与えないようにし、連合国同士あるいは帝国内において、特恵関税により自分たちのグループの経済的勝利を確保しようとする発想であった(27)。

日本においても、イギリスのような考え方は支配的だった。元老山県有朋は、一九一五年二月二一日の「日露同盟論」の中で、おおよそ次のようなことを述べている。――ロシア・イギリス・フランス・ベルギーの連合がドイツ・オーストリアを打破して再起不能にさせることはできないし、その逆もない。結局は五分五分の勝負か四分六分の勝負で戦争は終わる。平和がもどったヨーロッパでは、国力の回復が図られるのは当然で軍備の整備も行なわれるだろう。また、商工業を発展させることで富を吸収しようとする競争には拍車がかけられるだろう。そうした時、その競争の舞台は東アジア、特に中国大陸となるに違いない(28)――。

つまり、妥協による引き分けによる講和の後に予想される経済戦争の舞台こそは、中国となるはずだと認識していた。戦争が始まって一年たつかたたないかの時点では、この戦争が空前の総力戦となるとの認識があろうはずはなく、基本的に、勝敗の決着が明確につかない状態で戦争が終わることからくる、戦後の経済戦を想定して、中国が論じられていた。興味深いことは、当時、中華民国の大総統であった袁世凱も山県と同じような考え方を持っていたことである。一九一五年一月一〇日、袁世凱は、次のように述べた。――両方の勢力は相手側の首府を陥落させることはできないのだから、結局、五分五分の戦争で終わる。そして戦後は、ロシアとドイツが提携して東アジアに進んでくるに違いない(29)――。

日本側は、一九〇七年に成立した「帝国国防方針」を、一九一八年六月二九日、初めて改定したが、その背景には、元老山県なりの「戦後」の予想があった。同年六月に書かれた「国防方針改訂意見書」には、次のような認識がみられる。――平和回復後の日本の地位は困難なものになる。ドイツ側が勝てばドイツはロシアを先駆として使って「東亜の富源」に向かって殺到するに違いなく、イギリスが勝てば南方から利権の拡張を図るだろう。アメリカといえば、どちらが勝っても巨大な財力と無限の資源を背景に、太平洋経営に従事して、ベーリング海峡を渡り、沿海州を下り、シベリアの経済的利益を独占して南北から中国本土に向かってその勢力を伸ばすはずである。結局、戦後のアジアの地域は、ドイツとアメリカによる東西からする進出にあうか、イギリスとアメリカによる南北よりする圧迫にあうか、どちらかに必ずなる(30)――。

ここで注意したいのは、ドイツの圧倒的な敗北や急速な崩壊が予見できない状態で、戦後が予想されている点である。よって山県が、日本の国防とは、ただ単に帝国の領土を守備するだけではなく、さらに進んで中国全土を防衛するものでなければならない(31)と述べた時、そこに含意されているのは、イギリスがパリ協定で構築しようとしていたのと同様の、「戦後の経済戦」が展開される舞台としての中国、という意味だった。この段階では、総力戦準備のため、国防に必要な資源を収奪する場としての中国という発想はいまだ成立していない点に注意を要する。あくまでも、五分五分で勝敗がつかないまま終わると予想された戦後、その「戦後の経済戦」が戦われる場としての中国、というように考えられていた。

次第に力を失っていく途上にあった山県の意見だけをみているのは適切ではないだろう。よって、次に当時、参謀次長として重きをなしていた田中義一の議論もみておきたい。一九一七年五月から(32)六月にかけての中国視察後執筆された「対支経営私見」において、田中は次のように論じていた。

まず田中は、長江航路をどの国が支配しているかを論じて、ドイツの長足の進歩に言及し、戦後のイギリスやドイツが、戦中にいったん縮小した船舶を、東アジア海面に復帰させた時には、日本の航運業は衰退してしまうのではないか、寒心に堪えないと述べている。特にアメリカに対しては、「将来大に刮目して俟つべき一強敵」であるとみて、戦後の中国に殺到するはずの列強競争の圧力は、特に、航運業界に非常な変調を来すはずだと予想していた。[33] さらに、欧米列強は、戦争によって鉄を欠乏させているはずであるから、「列強の鉄を求むるや、宛も飢えたるものの食を求め、渇したるものの水に就くが如く、手段を選ばず方法を論ぜざるに至るべきは、知者を俟たずして識るべきのみ。而て其競争の焦点は実に支那を措て他に求むべからず」[34]。予想される戦後の中国に対する田中の見方は、基本的には山県と同様のものであったことがわかる。

現実には、ドイツの急速な崩壊による敗北は、五分五分の勝敗、という予想を見事に裏切るものであった。ドイツが極東に再び経済的勢力を伸ばしてくるのは、一九二〇年代半ば以降であったが、山県や田中の戦後のイメージに基づいて、日本の国防方針が、五分五分の勝敗を予期して、中国での経済戦を戦うのに適合的な形で改定されていたことは重要である。こうして、予想される戦後における経済戦を戦う場所としての中国と、経済戦の主たる担い手としてのアメリカを同時に捉えようとする視角が、国防方針のなかにまで登場してくるのである。

4　パリ講和会議における山東問題
――中国問題とアメリカ問題の合流――

ワシントン会議開催の数ヵ月前にあたる、一九二一年八月に完成した北一輝『支那革命外史』の序文には、パリ講和会議における日本外交の失敗を論じて、「ヴェルサイユに於て支那と米国とから一整に排日の泥を投げつけられる」ことになってしまったことについての痛烈な批判が書かれている。(35) ここで北は、山東問題をめぐって、中国では五・四運動がおこり、アメリカでは上院を中心として共和党系議員らによる対日批判の噴出がみられたことを批判していたのである。北一輝の目に、東のアメリカと、西の中国に挟撃される日本、とのイメージで日本が映っている点に注目したい。

山東問題についていえば、講和会議の結果、最終的には日本側の主張はすべて認められ、一九一九年六月、対独講和条約の第一五六～第一五八条として成立している。ドイツは山東省に関して取得していたすべての権利・特権・膠州湾地域・鉄道・鉱山・海底電線などを日本のために抛棄すること、膠済鉄道及びその支線に関して、ドイツの有する一切の権利、並びに各種の財産、停車場、工場などは日本国により取得保持されるべきものとする、との内容であった。これをみれば、日本の主張が全面的に取り入れられ、これ以上望むべきことはなかったと思われる。

北を憤慨させたのは、具体的にはどのような事態であったのだろうか。それについて、まずはパリ講和会議全権団にあって中心的役割を果たした牧野伸顕の回顧録からみておきたい。牧野は、山東問題がもめた理由について、だいたい次のように観察していた(36)。

青島問題でかの二十一カ条の条約が意外にも大問題となり、その効力、内容を廻って盛んに議論が繰り返され、数日間会議の議事を独占して、外部では新聞で全面的に取り上げられ、媾和会議全体の話題となって、日本の全権団はその矢面に立たされた。(中略)この問題が起った原因と言うのは、支那の全権団を構成する一部の不平分子が、優勢を占めてその首席だった陸徴祥を除外し、米国の全権の一部に同情者を得て、二十一カ条の条約を無効にする運動に必死の努力を払ったのである。

回顧録から判断すると、牧野は、中国全権団のなかで、ヤング・チャイナと呼ばれた顧維鈞などの、アメリカで教育を受けた若い外交官が、北京政府の方針と関係なく活発な情報戦を展開したこと、またそれに対してアメリカ全権団の一部が支持を与えたことによって、山東問題が複雑化したと判断していたようである。

しかし、問題を紛糾させた要因を、中国側の全権団の構成に帰すことは正当だろうか(37)。それについて検討を加える。山東省旧ドイツ権益問題について、日中間で戦わされた論戦の主たる点は端的にいえば、日本は膠州湾租借地を中国に還付するのはもちろんであるが、それはドイツから日本へいったん引き渡された後、中国に返還されるべきものであると日本側が主張し、それに対して中国側が、中国はドイツに対して宣戦布告した（一九一七年八月一四日）のだから、中独間に締結されていた条約は失効したとみなせる、よって膠州湾租借地などドイツ権益はすでに消滅したとみなせる、よって日本の手を経て中国に返還される筋合いはない、とした点にあった。

日本側の根拠となっていたものは、①一九一五年五月二五日、中国政府との間で調印された「山東省に関する条約」（日本とドイツの間で、将来的に締結される山東省に関する協定を中国側は認めなければならないとする条項があった）、②一九一七年二月、イギリス、フランス、ロシア、イタリアと日本の間に交わされた覚書（将来的な講和会議の際、英仏露伊の四国は、日本が、山東省旧ドイツ権益と赤道以北の南洋諸島の権益について継承することに同意を与えるとの文書）、③一九一八年九月二四日、中国政府との間で調印された「山東省に於ける諸問題処理に関する交換公文」（山東鉄道に対する日本側の支配を認めるかたちをとった文書）、の三つの取極めであり、典型的な帝国主義外交の成果といえるものであった。

それに対して、中国側が主張したのは、[38]①中国とドイツが開戦した結果、中独間の条約は無効となったので、中国国民は膠州湾租借地だけではなく、鉄道その他の利権をも併せて還付を希望する、②一九一五年の協定「山東省に関する条約」は、中国が苦境に陥っていた時に締結されたものであって、中国側から見れば仮協定にすぎない、との二点であった。

日本側は当初、①三つの協約や公文があり、そのなかのいくつかの条項、たとえば膠済鉄道の合弁と支線の延長については、中国政府との間で合意済みであり、鉄道敷設資金の前渡し（二〇〇〇万円）も済んでいること、②また開戦による条約の失効も、租借地のような領土に関するものについては無効となるものではない、と判断していたことによって、山東問題は紛糾しないと考えていたようである。しかし、その楽観も、一九一九年四月一七日、クレマンソーと会談した西園寺公望と牧野が、クレマンソーから、日本は山東問題について、「法理上困難なる立場に在る」と告げられたことで、崩れ去ることになる。クレマンソーは、中国側の展開している、宣戦によって条約が消滅する、との法理は成立すると思うと述べたのである[39]。

このような状況のなかで、日本側全権団における陸海軍随員などは、むしろ山東問題を法理上の争いにせずに、政治問題として扱った方が有利だとの認識を持つようになっていた。陸軍側随員であった奈良武次はおおよそ次のように述べている。――中国側の覚書に述べてある論理も全然理由がないわけではない。内外の学者の研究を徴するに、一部学者が中国とドイツの開戦によって条約は消滅するものの、領土に関する条約、たとえば租借条約のごときは消滅しないとの学説を主張しているがそれは一部であって、大部分の学者は開戦によって、すべての条約は効力を失うとの説に同意しているようだ。よって中国側の主張は有利であり、日本側の主張はこの点で弱点を持っている。法理論によって中国側の主張を弁駁するのはますます問題を紛糾させるだけなので、もっぱら政治上の見地からあくまで主張すべきである[40]――。

このような経緯を経て日本は、対独最後通牒の言葉の通りに、日本は中国側に完全な主権とともに山東省の旧ドイツ権益を還付しようとしているのに、日本の主張が信じられないとあっては、国の威信を失い、国論も治まらない、よって講和条約に調印できないという形式での政治的「圧力」を、ウィルソン、ロイド・ジョージ、クレマンソーらにかけてゆく戦術をとった。

その結果、一九一九年四月三〇日の首相会議で、日本側の主張を完全に入れた講和条約文が決定された。しかしその過程でウィルソンは、日本側が自ら、日本は山東半島を中国の完全なる主権の下に還付すること、日本の継承するものはドイツの有していた経済上の特権であると声明するよう求め、日本側はそれに応じた(41)。

奈良などは、中国全権委員の「愁訴哀願」に、アメリカ全権団が動かされたとみていた。しかし、同情によって、アメリカ一国の外交方針が動かされるとみるのは奈良の感傷であろう。アメリカにとっては、むしろ問題はアメリカ本国の上院の動きにあったのである。

共和党の勢力の強かったアメリカ上院では、民主党の大統領ウィルソンに対する風当たりは当然の如く強かった。ウィルソンを攻撃する際、アメリカの主権が制限される項目が少なからず含まれている対独講和条約の第一編「国際連盟規約」の審議は、格好の、ウィルソン攻撃の場となった。上院が、連盟規約に対して行なおうとした修正としては、①米国は他国の安全並びに政治的独立に関し何らの義務を負わない、また連盟国たると否とにかかわらず、他国国民間の紛議に関与せず、②第一〇条による兵力の使用は、憲法上の宣戦・用兵の権ある両院が議決するに非ざればこれを行使せず、というような項目があげられる。(42)これは連盟規約第一〇条の、戦争の防遏条項に対する上院の修正であった。

それと並んで、山東問題は「敵本主義」の最たるものとして、上院によってさかんに論じられた。ある上院議員は、次のように発言している。山東は日本に講和条約に調印させるために払われた賄賂である、日本は大帝国建設者として独国の政策を追従するものである、このような条約案には米国は断じて賛同することはできない、(43)と述べていた。またある者は、中国から領土を掠め取り、山東の自由を拘束し数百万の奴隷としようとした日本に対して、アメリカとしては日本の味方であるよりは、むしろ戦争すべきである、米国は断じて山東問題には同意できない、もし戦争がやむをえないものであれば、将来よりも今戦争すべきである、(44)と息巻いた。

本当の戦後がやってきた後のパリ講和会議の席上、山東の旧ドイツ権益の直接還付を求める中国側の法理論が、英仏などの大国からも支持されていると知った日本は対応に苦慮した。日本を苦しめたこの問題を、アメリカが全くアメリカ国内政治上の理由から、ウィルソン攻撃の手段として使ったことから、日本側のなかに、講和会議を失敗と捉える理解が広まった。日本側が、こうした経緯から、中国とアメリカが日本を挟撃するものであると判断するようになったのもうなずけるところである。少なくとも、北一輝には、ゆゆしい問題として、映っていくことになる。

5　おわりに

これまで、第一次世界大戦期における日本側の対外的危機意識は、大戦終了後のパリ講和会議で展開された各国の活発な外交に適応できなかった日本外交に対する国民の絶望という点で捉えられてきた。しかし、パリ講和会議において醸成された日本側の対外的危機意識は、単に新外交や宣伝情報戦に適応できなかった日本全権団の間抜けな行動を憤慨するといった、表層の怒りによって出てきたわけではなかった。日本側の不満は、開戦以来五年の長きにわたって蓄積されてきたものであり、国家の主権や人種の尊厳にかかわる原理的な問題として捉えられていたのであった。国家主権という、根本的な部分で、日本がいまだ西欧列強からの圧迫を受けているのかもしれないと考えることは、日本のアジアにおける安定的な支配を脅かすものと捉えられた。

①開戦当初における中立中国と中立アメリカの良好な協調ぶりへの困惑、②同盟国イギリスと、太平洋の対岸にあるアメリカが、日本の参戦時に加えた戦域制限などに対する原理的な怒り、③勝敗が決することなく世界戦争が終わり、その後には中国を舞台とする経済戦が始まるとの暗い予想、④パリ講和会議の山東問題において日本の法理上の解釈が通用しなかったこと、⑤アメリカ上院におけるウィルソン攻撃の材料として山東問題が使われたことに対する失望と困惑。筆者はこうした、日本側に生まれた、根の深い対外的危機意識が、日本において広い国家改造要求を生み出したと考

えている。このような対外的危機意識は、アジア諸国に対して日本を盟主とした結集を訴えるものではなかったので、これまで必ずしも十分に分析されてこなかった。しかし、英米との平和的な関係が築かれていたかに見える第一次世界大戦前後において、国家改造要求を伴う対外的危機意識が醸成されていたことの意味は大きい。アジア主義の一つの重要な潮流が、この時期にたしかに生まれていたのである。

注

(1) 平石直昭「近代日本の『アジア主義』」、溝口雄三ほか編『アジアから考える 5 近代化像』東京大学出版会、一九九四年。
(2) 竹内好「アジア主義の展望」、竹内好編集・解説『現代日本思想大系 9 アジア主義』筑摩書房、一九六三年、一〇頁。
(3) 同前、一二頁。
(4) 岡義武「国民的独立と国家理性」、『岡義武著作集』第六巻、岩波書店、一九九三年。
(5) ここに述べた、樽井藤吉、岡倉天心、尾崎秀実の論稿すべては、前掲、竹内『現代日本思想大系 9 アジア主義』に収録されている。
(6) 坂本多加雄「征韓論の政治哲学」、『年報 政治学 日本外交におけるアジア主義』岩波書店、一九九八年、また拙著『戦争の日本近現代史』講談社、二〇〇二年、四二〜四九頁。
(7) 牧原憲夫「大井憲太郎の思想構造と大阪事件の論理」、大阪事件研究会編著『大阪事件の研究』柏書房、一九八二年。
(8) どのような団体がどのような改造要求を掲げていたかについては、伊藤隆『大正期「革新」派の成立』塙書房、一九七八年。
（9）丸山眞男『現代政治の思想と行動』未来社、一九六四年。
（10）前掲、伊藤『大正期「革新」派の成立』。
（11）有馬学「『改造運動』の対外観」、『九州史学』六〇号（一九七六年九月）。
（12）「時局に関する内牒」、「秘事文書綴」所収（千葉県睦沢町立歴史民俗資料館所蔵）。
（13）外務省『日本外交文書　大正三年　第三冊』一九六六年、一〇五頁。一〇五番文書。
（14）同前書、一一八〜一一九頁。一一七番、一一九番文書。
（15）同前書、一三八頁。一四六番文書。
（16）小川平吉の質問、『帝国議会衆議院　秘密会議事録集』上巻、教育図書刊行会、一九九七年、九八頁。
（17）対独最後通牒の第一項は、日本と中国海域における独逸艦艇の即時退去と武装解除を求めた条項、第二項は、「独逸帝国政府ハ膠州湾租借地全部ヲ支那国ニ還付スルノ目的ヲ以テ」一九一四年九月一五日までに無償無条件で日本側に交付することを要求した条項であった。
（18）前掲『日本外交文書　大正三年　第三冊』一八四頁。二〇五番文書。
（19）一九〇八年一一月三〇日に発表された太平洋に関する日米交換公文。第五項に、中国の現状維持又は機会均等主義を侵迫する事件が発生した時は、日米両国政府はその措置に関して協商を遂げるために意見を交換する、とある。
（20）松田源治の質問、『帝国議会衆議院議事速記録　30　第三五・三六議会　大正三年』東京大学出版会、一九八一年、二六〜二九頁。
（21）同前。
（22）八月九日段階のイギリスの意向。『日本外交文書　大正三年　第三冊』一一一頁。

(23) 同前書、一二二頁。
(24) 同前書、一三五頁。
(25) 同前書、一三六頁。加藤高明外務大臣宛井上駐英大使電報。
(26) 『松井慶四郎自叙伝』、刊行社、一九八八年、九五頁。
(27) P・J・ケイン、A・G・ホプキンズ著『ジェントルマン資本主義の帝国 Ⅱ』木畑洋一・旦祐介訳、名古屋大学出版会、一九九七年、四二頁。
(28) 大山梓編『山縣有朋意見書』原書房、一九六六年、三四六頁。
(29) 外務省『日本外交文書 大正四年 第三冊』上巻、一九六六年、一一二頁。
(30) 前掲『山縣有朋意見書』三七五頁。
(31) 同前書、三七五頁。
(32) 高倉徹一編『田中義一伝記』上巻、田中義一伝記刊行会、一九五八年、六七六～七一二頁。
(33) 同前書、七〇〇頁。
(34) 同前書、七一二頁。
(35) 『北一輝著作集』第二巻、みすず書房、一九五九年、二頁。
(36) 牧野伸顕『回顧録』下巻、中公文庫、一九七七年、一四二～一四三頁。
(37) 本問題につき、最も正確な中国側からの分析は、川島真「第一次大戦参戦と山東問題解決プログラム」、同『中国近代外交の形成』名古屋大学出版会、二〇〇四年。また、劉小林「第一次世界大戦と国際協調体制下における日中関係」、中央大学人文科学研究所編『民国前期中国と東アジアの変動』中央大学出版部、一九九九年。
(38) 外務省『日本外交文書 巴里講和会議経過概要』一九七一年、七一七～七五八頁、八九二～九一〇頁。

(39) 前掲『日本外交文書　巴里講和会議経過概要』七一九頁。
(40)「講和会議ニ関スル奈特報　中央/戦争指導　外交文書/二四一」(防衛庁防衛研究所戦史部図書館所蔵)。
(41) 前掲『日本外交文書　巴里講和会議経過概要』七五〇頁。
(42)「大正八年一一月二五日着　米国駐在武官発軍令部次長宛電報」、「⑪/外駐員報/T三～三八/八二　大正八年駐在員情報　電報一」所収(防衛庁防衛研究所戦史部図書館所蔵)。
(43)「大正八年七月一七日着　米国駐在武官発軍令部次長宛電報」、前掲「⑪/外駐員報/T三～三八/八二　大正八年駐在員情報　電報一」所収。
(44) 同前。

第五章　ロンドン海軍軍縮問題の論理

――常備兵額と所要兵力量の間――

1　はじめに

本章は、一九三〇（昭和五）年四月二二日、五大海軍国（英米日仏伊）間に調印をみた、[1]補助艦（巡洋艦、駆逐艦、潜水艦など）保有量制限などに関する条約、ロンドン海軍軍縮条約を考察の対象としている。ちなみに、条約の正式名称は「一九三〇年ロンドン海軍条約」である。

本問題に関しては、すでに優れた先行研究が少なからずある。小林龍夫「海軍軍縮条約（一九二一年～一九三六年）[2]」は、内政・外交・軍事の諸側面から諸問題をバランスよく丁寧に概説したものであり、執筆されてから三〇年以上たったいまでもその意義を失わない。また伊藤隆『昭和初期政治史研究』[3]は、昭和戦前期の政治構造再編を促した導因として本問題を描いた。さらに麻田貞雄『両大戦間の日米関係』[4]は、ワシントン会議後の良好な日米関係から、太平洋戦争勃発に至る対立へと進む二〇年間の転換点としてこの問題を位置づけ、とくに海軍部内の変質をもたらした要因として重視する見方を示した。

いずれにしろ、ワシントン会議で決定された主力艦の比率（米五、英五、日本三）と同じ比率で、補助艦（特に八吋《インチ》砲一万噸《トン》級大型巡洋艦）の保有量を規定しようとしたアメリカ側に対して、海軍、なかでも海軍軍令部が対米七割を強硬に主張し、交渉妥結に邁進する浜口内閣を揺さぶったとの一連のストーリーは、本章の前提として捉え、ここでは繰り返さない。また、政府による回訓決定（一九三〇年四月一日）、海軍条約調印（四月二二日）、第五八特別議会（四月二三日～五月一三日）での統帥権干犯論議、海軍軍事参議官会議（七月二三日）の奉答文問題、枢密院（七月二四日～一〇月一日）での審査（下審査から本会議までを含む）、一〇月二日の条約批准、といった全体の時間的流れについても同様である。

さまざまな分析視角がありえようが、ここでは、二種の史料をよく読み込むことから始めたい。一つめの史料は、三〇（昭和五）年一月二一日から四月二二日までの会議期間（前年六月からロンドンを舞台に行なわれていた英米準備交渉を含む）中の全権・政府間の交信を収録した『日本外交文書　一九三〇年ロンドン海軍会議』上下巻[5]である。二つめは、第五八特別議会における論戦を収録した、本会議議事録と委員会速記録[6]である。ロンドン条約の交渉と審議の過程で、いやおうなく浮かび上がってくる本質的な問題とは何だったのかを考えたい。

2　外交問題に関する宮中グループの政治力

2・1　宮中グループの登場

昭和戦前期に抬頭してくる政治勢力としてすぐさま想起されるのは軍だが、それと同程度のインパクトをもって形成され登場してくるのが宮中グループだということは、明示的には案外、自覚されないできたのではないだろうか。ここにいう宮中グループとは、若き昭和天皇、その最大の援護者であった元老西園寺公望、内大臣〔牧野伸顕〕、内大臣秘書官長〔一九三〇年九月二七日までは岡部長景、同年一〇月二八日から木戸幸一〕、侍従長〔鈴木貫太郎〕、宮内大臣〔一木喜徳郎〕などを指している。(7)

戦後、『西園寺公と政局』との題で世にでた、元老秘書原田熊雄の口述記録が、昭和改元後初の政治的事件であった満洲某重大事件〔張作霖爆殺〕から始まっているのも象徴的である。政治的事件に翻弄される若き君主を宮中勢力がどう輔導していくのか、その奮闘の記録として、口述が開始されたのだろう。

では、なぜ意識されないできたのだろうか。その理由の一つとして、次に掲げる二つの研究の持つ豊かな包括性と説得力ゆえに、かえって直接的に、軍と宮中グループを一つの線上の、二つの対抗しうる政治集団として認識する観点を、我々が見つけにくくなっていたという事態がありえそうである。優れた研究の持つ衝迫力とは、常にそのようなものである。

その二つの研究とは、一つは先にもふれた伊藤『昭和初期政治史研究』であり、いま一つは升味準之輔『日本政党史論』(8)である。伊藤氏の研究は、内閣、海軍、元老および宮中グループなど一〇の政治集団が、その集団の持つ利害を基礎として、どのように提携・対立の構図を描いたのかを、三〇年のロンドン海軍軍縮問題をケース・スタディとして取り上げた(9)。升味氏の研究は、これ以降の政治を、国家総動員の確立をめざす「推進集団」陸軍、「反撥集団」既成政党、「奏薦集団」宮中グループの三つの集団の遠心的な対抗関係として描いた。それぞれ、一〇の集団、三つの集団の織り成す対抗の図式が見事に描かれているので、結果として、宮中グループの現実的な政治力というものが見えにくくなってきたのかもしれない。また、見えたとしても、嵐の中で必死に防禦に努めるという弱いイメージになってきたのではないだろうか。

2・2　元老と天皇の対外観

宮中グループの現実的な政治力を考えてゆくために、まずはこの時期の同グループの対外観を確認しておきたい。いうまでもなくそれは、英米との協調論を基調として形成されていた。すでによく知られている事実なので、ここでは行論上必要な二つの史料を挙げるにとどめる。原田熊雄の記す、三〇(昭和五)年二月の時点での元老の考えは次のようなものであった(10)。

国際平和の促進に誠意を以て努力するといふことを列国に認めさせて、即ち日本がリードしてこの会議を成功に導かせるといふことが、将来の日本の国際的地位をますく高める所以であつて（中略）現在日本は英米と共に采配の柄をもつことができる立場にあるのではないか。（中略）フランスやイタリーと同じやうな側に附くといふことが、国家の将来のために果して利益であるか不利益であるかといふことは、判りきつた話ではないか。

西園寺の話の筋は、大型巡洋艦保有量の対米七割をあくまで主張することの可否を論じ、五大海軍国中劣勢をかこつ仏伊などとは与せずに、英米との妥協による条約の成立を図るべきだ、との内容だった。

また、総理大臣浜口雄幸の記すところの天皇も同様に、「世界ノ平和ノ為メ」条約を早期成立させるよう、浜口を後押ししていた(11)。

単独拝謁被仰付、軍縮問題ノ経過大要ヲ言上、次テ本問題解決ニ干スル自己ノ所信ヲ申上ケタル所、陛下ヨリ「世界ノ平和ノ為メ早ク纏メル様努力セヨ」トノ有リ難キ御言葉ヲ拝シ、恐縮シテ「聖旨ヲ体シテ努力スヘキ旨」奉答シテ退下、侍従長ト暫時懇談シテ退出、於是自分ノ決心益々鞏固トナレリ。

条約締結に向けた浜口の決心を「益々鞏固」とするような支持を天皇は与えている。「世界ノ平和ノ為メ」という言葉で語られると、それは理想主義的な外交方策の枕詞として、いかにも現実的な力を持たないように聞こえるが、むしろここでは、西園寺の言葉、すなわち「英米と共に采配の柄をもつ」という言葉に導かれながら、国際連盟成立以降現実的な力を持つようになった理想主義を、まずはリアルに捉えてみたい。

2・3　現実的な力を持った理想主義

さて、ここで述べた、現実的な力を持った理想主義というのは、吉野作造が「国際聯盟は可能なり」（一九一九年一月）との論説で[12]、次のように論じているような内容のことである。

万国平和論、国際会議は必ず真面目に討究さるべき問題であるが、憾むらくはこの問題の提唱者はこれまで常に弱国の政治家であつたので、その価値を低下されたのは誠に残念である。（中略）ところがこの度の大戦争の結果、弱国の政治家がその独立安全を保たんが為めに利用し来つた問題は、強国の政治家に依りて真面目に論議されたのである。

ユートピアに属すると見なされてきた種類の構想に、アメリカという大国が率先して保証を与えたという事態の意義の大きさは、イギリスの外交官であり外交史家でもあったH・ニコルソンが、吉野の論説と時を同じくして「ウィルソン主義が当時あれほどまでに世人の熱情的な関心事になったのは、一つに全く、長い夢であったものが突如として世界の最強国の圧倒的な資源によって裏づけられるにいたったためである」[13]と判断していたことからも知られる。

しかし、ロンドン会議が開催されたのは、国際連盟発足時からちょうど一〇年を経た時期だった。そうであれば、連盟発足時の国際協調的な「熱意」が、そもそもロンドン会議開催時にいまだ維持されていたのか、そこから確認する必要があろう。よって次に、この時期の英米側の外交姿勢を見ていくこととする。

2・4　不戦条約を基礎とした海軍軍縮会議

まず、イギリスでは、会議前の一九二九（昭和四）年五月の総選挙で労働党が保守党を破り、六月五日第二次マクドナルド内閣を成立させていた。その頃、軍備縮小に関する、保守党、労働党、自由党、三党党首の声明書が発表されたことがあったが、労働党党首マクドナルドは、松平（恒雄）駐英大使の報告によれば「不戦条約ハ勿論、直ニ満足ナル軍備縮少〔ママ〕条約ヲ締結スル為、其ノ理由トシテ利用セラレサルヘカラス。海洋自由ノ原則ノ問題ハ、不戦条約調印及海軍力ノ発達ニ鑑ミ全然新シキ事態ニ入レルモノト思考ス」[14]との注目すべき意見を述べていた。

不戦条約（Pact of Peace　英は一九二九年三月二日に批准）を軍縮条約の基礎にすえようというので

ある。不戦条約とは、一九二八年八月二七日、パリにおいて一五ヵ国間に調印されたもので、国際紛争解決のため戦争に訴えることを非とし、国家の政策の手段としての戦争を放棄する、との内容だった。これを裏側からいえば、自衛戦争と制裁のための戦争という二つのカテゴリーの戦争は、依然として否定されていないことになる。

不戦条約を海軍軍縮の基礎にすえるとの方針は、一九二九年七月八日マクドナルド首相から、ドーズ駐英米国大使宛に発せられた書翰の第一項に「私は英米両国政府が、不戦条約すなわちケロッグ条約を、両国関係の緊要かつ支配的事実（vital and controlling fact）と考えて、この条約を軍備縮小に関する交渉の出発点として用いることに、意見一致した旨を声明することは、甚だ有益であると考える」(15)と記されたことで、具体的な様相をおびてきた。不戦条約を、英米関係の「緊要かつ支配的事実」とみなすとの定義は、とくに注目される。

これに答えて七月一一日、スティムソン国務長官はドーズ大使に宛て、フーヴァー大統領と自分は、この件に同意である旨訓令した(16)。結局、不戦条約を、来るべき会議の基礎とすることについては、英米間に合意の形成がみられ、英国政府から発せられた、会議参加国への正式招請状にも明記されることとなった。

日本政府も、軍縮会議招請に関する回答（一〇月一五日閣議決定）のなかで「千九百二十八年巴里ニ於テ署名セラレタル戦争放棄ニ関スル条約ヲ、軍備縮小ニ関スル一切ノ討議ノ出発点トナスヘシトノ原則ヲ、衷心支持スルモノナルコトヲ確言セント欲ス」(17)と述べ、不戦条約を出発点とした海軍軍縮会議に全幅の同意を表した。不戦条約といった場合、すぐさま思い出されるその弱点――すなわち、締約国の権益や特別な地域に関する自衛や自由行動についての留保にはどう対応するのか、また、いかなる力の保障をもって締約国の行動を縛れるのか――や問題点などはものともせず、英米日の三大海軍国が不戦条約を基礎に軍縮会議に参集したことの意義は、強く印象にとどめてよい事態であろう。

以上述べてきたように、「世界ノ平和ノ為メ」条約を成立させるべきだと考えていた天皇をはじめとする宮中グループの対外観というべきものは、この時期にあっては、理想主義論であると同時に現実的な力を持つ議論であった。現実の支配的な国際環境と、宮中グループの対外認識の間にギャップがないということである。フーヴァーやマクドナルドと同様の政治的立場を、日本においては宮中グループがとっているというイメージとなろう。

2・5 海軍軍令部長の上奏「阻止」問題

このような「強さ」を背景にしていたからこそ、鈴木貫太郎侍従長による加藤寛治海軍軍令部長の上奏「阻止」問題も起こりえたのであろう。『西園寺公と政局』の有名な場面であるが、政友会幹事長の森恪が原田熊雄（西園寺の秘書）に向かって、侍従長が軍令部長の帷幄上奏を阻止（反対の立場の者にいわせれば、説得によって延期）した事実の有無を尋ねた部分がある。原田はそれに対して、「そんなことは全然知らぬ。第一帷幄上奏は侍従武官長を経て行はれるものだ。内大臣、侍従長の関するところでない。また自分は内大臣からそんなことを頼まれたこともない。さういふことは全く虚構の事実である」[18]（傍点は引用者）と答えていたが、帷幄上奏を管掌する侍従武官長は事態をどう見ていたのか。侍従武官長奈良武次の史料[19]からは、侍従長の処置への不満を記した部分を指摘できる。

〔昭和五年三月三一日〕此日加藤〔寛治〕軍令部長軍縮問題ノ回訓ニ関シ拝謁ヲ願出テシモ、侍従長ヨリ申込アリ暫時見合セ居リ、侍従長ハ軍令部長ヲ官舎ニ招キ、拝謁上奏ヲ思ヒ止ラシムル為メ勧告セル由、其際加藤軍令部長ハ拝謁上奏ヲ思ヒ止ルト答ヘタル由、侍従長ヨリ話アリ。
〔昭和五年四月一日〕此日又加藤軍令部長ヨリ拝謁願出テタリ、又侍従長ヨリ申込ニ依リ延引シ、同日午后陛下ニ伺ヒシニ、翌二日午前十時半拝謁ヲ賜ハル旨御沙汰アリ、依テ其旨軍令部長ニ通知ス。侍従長ノ前日来ノ取計ヒハ余大ニ不同意ナルモ、侍従長ハ非常ニ熱心強硬ニ希望セラル、故、其意見ヲ容レタレトモ侍従長ノ此処置ハ大ニ不穏当ナリト信ス。

鈴木侍従長が奈良侍従武官長を説得して、たしかに軍令部長の上奏を遅らせていること、またその措置に対して侍従武官長が「不穏当」と感じていたこともわかる。こうして浜口は、閣議決定済みの回訓を四月一日午後三時四五分から二五分間にわたって上奏し、米国提案の線で妥結するという全権への最終的回訓への允裁を得た[20]。加藤軍令部長の上奏は、浜口首相の上奏の翌日、四月二日になされた。

さて、以上の経緯を、加藤の側から見るとどうなっていたか(21)。

〔昭和五年一月二三日〕鈴木侍従長来部、米大使に歓迎文に加へて反省を強要する件に付、森山等の行動を緩和方頼み来る。此日彼の言として、最高官（西園寺）之憂慮を告げ、進んで現職にあるまじき意見を軍縮に付予に語る。作戦計画に就て也。

〔昭和五年三月三一日〕此日上奏の御都合を伺ひしに、今村来り其の前に午後二時侍従長が面会を求められしと告ぐ。依て官邸に訪ひしに、種々外務と「アツレキ」の事を語り、軍規問題など告げ進んで作戦計画に迄言及し、本日の上奏は社会的に影響する所大なるを以て差扣を勧めらる。加ふるに本日午後五時迄御多用に付夜も却て目立ち問題を大きくするから扣えてと云ふ。依て明一日を約し帰る。


「一日を約し帰」った加藤であるが、四月一日にも上奏がかなわなかったことは、前述の奈良武次の史料中に述べられている。一月二三日の記事で加藤は、西園寺を元老ではなく「最高官」と呼んでいるが、他の部分にも「最高大官」と揶揄的に呼称している箇所がある。加藤寛治をはじめとする軍令部と宮中グループの友敵界面が、くっきりとくぎられはじめていることに注目したい。

明治初年以来、宮中をまきこむ政治的対立は、幾度となく藩閥のメンバー間に闘われてきた。しかし、その闘いは、たとえば大久保利通と木戸孝允、あるいは大隈重信と伊藤博文という対立項を想起すればわかるように、争われるべき対立軸が明確で、双方の主張をそれぞれ担うリーダーが存在していた。宮中がある一定の立場を担い、それに対立する論点を持つ者が排除されるような対立の図式は、これまでなかったように判断される。以上をまとめれば、「圧倒的な資源によって裏づけられ」（ニコルソン）た「英米と共に采配の柄をもつ」（西園寺公望）ことに時代の趨勢を見いだした宮中グループの判断の正しさを証明するかのように、ロンドン海軍軍縮条約は不戦条約を基礎にして交渉が始められた。そして条約締結を「世界ノ平和ノ為メ」（昭和天皇）と考える宮中グループは、軍令部長の上奏を管掌する侍従武官長を説得することで、一定の政治的立場を明確にした。

3　外交問題に関するリアリストの見方

3・1　潜水艦廃止をめぐる議論

E・H・カーはその著書『危機の二十年』のなかで、国際連盟の軍備縮小委員会の様子を、リアリストの視点から次のように述べている。「自国に不可欠な軍備は防禦のためであり善行であるとし、他国のそれは攻撃のためであり悪行であるとする着想は、特に効果を示した。その十年の後に、軍縮会議の三つの委員会が、軍備を『攻撃的』と『防禦的』とに分類しようという無駄な努力に数週間も費やしたことがあった。各国の代表は、自国が依存する軍備は防禦のためであり潜在的相手国のそれは本質的に攻撃のためのそれであることを立証すべく、純粋に客観的な理論にもとづくという建前をとって、きわめて巧妙な議論を展開した[22]」。

カーのこの言葉は、直接的にロンドン会議を描写したものではない。しかし、『日本外交文書一九三〇年ロンドン海軍会議』に所収された諸文書を眺めれば、たしかに至言であるといわざるをえない事態が進行していたことがわかる。

英米両国は、準備会議から一貫して潜水艦全廃を主張していた。会議招請のための英国政府の公文にも「合衆国政府及英本国政府ハ、共ニ潜水艦ノ全廃ヲ望マシトスルコトニ関シテ、従来両政府カ公然採リ来リタル態度ヲ固守スル[23]」点が述べられていた。その際、人道的な見地から全廃を裏づけるのが常であった。たとえば、第四回総会において、イギリス側が「潜水艦ノ廃止カ、人道的見地及軍縮ノ本義ヨリシテ望マシキコト[24]」と述べれば、アメリカ側も「其ノ濫用カ米大陸ノ大戦参加ノ直接ノ原因トナレル兵器ノ存続ヲ許容スルカ如キハ、不戦条約ノ下ニ召集セラレタル今次会議ノ目的ニ背反スル[25]」と応じている。

日本やフランスなどの主力艦比率における劣勢海軍国は、当然のことながら、上述のような「説得の論理」には同意しなかったろう。たとえば、フランスは「華府会議ニ於テ仏国カ、主力艦ニ付比較的劣勢ヲ受諾セルハ、全ク他ノ防禦的艦種ニ付キ建造ノ自由ヲ有スルコトヲ条件トセルカ為[26]」だったことを英米側に思い出させていた。大型巡洋艦と潜水艦の運用如何では主力艦の劣勢はカバーできるので、ワシントン条約には賛成したのだ、との論理である。日本の海軍側も同様に、潜水艦が劣勢比率の海軍国にとっての唯一の武器であることから、自主的保有量の保持に努めるよう申し送っている[27]。フランスの新聞などは、日本側の見るところでは「潜水艦ハ防禦的武器ナルノミナラス、主力艦補助艦ノ劣勢ナル国ニ取リ、沿岸防備並海外植民地トノ連絡保全上必要ナルヲ以テ」廃止には絶対反対すべきだと論じていた[28]。

日本やフランスのリアリストにいわせれば、英米の意図は、ワシントン会議でまず主力艦比率で劣勢国に水をあけ、ついでロンドン会議では補助艦比率と潜水艦でさらに劣勢国を縛ろうとする所作にほかならない、ということになろう。さて、この潜水艦問題では、結局日仏の廃止反対論が容れられ、商船などに対する厳格な使用制限を基礎に協定成立にこぎつけた。ただし、日本の保有量約八万噸ベースは認められず、英米日同量の五万二七〇〇噸となった。

カー流のリアリストの視点で眺めれば、国際問題において理想主義的な主張がなされるのは、その主張をする国家が最優位に立った瞬間ということになる。いわく、「国際的団結とか世界連合の主張は、結合した世界を統制することを望んでの支配的国家から出される[29]」、またいわく「国際的秩序とか国際的結合というのは、つねに、これらを他の国家に押しつけるだけの強味を感じとっている国家の唱えるスローガンであろう[30]」。

3・2　対米七割要求を理想主義の言葉で語れるか

日本やフランスが潜水艦問題を通じて当然感じとったような事態は、正しく、理想主義的なロンドン軍縮会議観の裏側にあったものだった。吉野作造やニコルソンが見れば、最大の資源を持つ国家がユートピアに保証を与えたと表現される事態を、リアリストは、最優位に立った国家が現状を凍結するために秩序を創出するのだと表現する。

本節で当面強調しておきたいのは、これまで述べてきたようなリアリストの見方も、当時にあって、現実的な力を持った理想主義的な対外観と同時に存在しえた論理であったということである。想定敵国を含んだ国同士の間に展開される軍備縮小に関する交渉であるから、どうしても、人道・不戦・防禦的という言葉のみではすまされなくなる。それは、幣原喜重郎外相や若槻礼次郎全権が、相手国に率直に表明した次のような考えからもうかがえる。理想主義的な対外観の体現者にほかならない若槻や幣原でさえもが、現実の交渉の場面では、次にひくような発言をせざるをえない点に注目したい。(31)

軍事的かつ専門的見地から見て、なぜ日本は対米七割の大型巡洋艦を必要とするのか、むしろその理由をスティムソン国務長官やその他の米国全権に納得可能なように説明したらよいではないか、と質したキャッスル駐日米国大使に対して、幣原は次のように答えている。(32)

七割要求ノ専門的理由ヲ討議スルトキハ、自然日米戦争ヲ仮想シテノ論議ニ亘リ会議ヲ小戦場化スルコトトナル危険アリト思考ス(中略)貴大使トノ間故自由率直ニ申上クレハ、我軍人ハ日本カ七割以下ナル場合、米国カ日本ヲ攻撃セハ日本ハ絶対ニ勝算ナシ。七割ナレハ日本カ米国ヲ攻撃スルコトハ固ヨリ不可能ナルモ、米国ヨリ攻撃セラレタル場合日本ハ多少ノ「チャンス」アリトノ印象ヲ有シ居リ。従ッテ政府トシテハ絶対ニ勝算ナクトモ可ナリト云フカ如キコトヲ提唱シ得ヘキモノニ非ス。

想定上のことではあれ、対米戦争の場合の「勝算」をゼロにはしないために、政府としては七割が必要だと述べている。大型巡洋艦の対米七割要求は、幣原個人の考えではもちろん不必要な項目であったろうが、この時点ではいまだ、日本政府決定として獲得すべき第一の目標であった。すなわち、一九二九（昭和四）年一一月二六日、浜口内閣によって閣議決定された三大原則は、①補助艦兵力量——総括的対米七割、②二〇サンチ砲搭載大型巡洋艦——対米七割、③潜水艦——昭和六年度末の現有量（七万八四九七噸）保持、というものであった。よって、幣原が政府方針として、七割を昂然と要求したことは驚くにあたらない。自己の所信に反しても、政府決定の線で交渉をする外交官としての規律に従ったままでのことである。

しかし、ここで幣原が七割を必要とする理由を、理想主義的な「説得の論理」では説明しえていないことが問題なのである。これと同様のことは、一二月一七日に行なわれた英米日全権会議の席上、若槻の述べた論点にも通ずる。(33) 二月五日、アメリカ全権団の一人、上院議員リードから米国全権試案が提示され、それに応じて日本側も二月一二日試案を提出したものの、双方の妥協が困難なことが判明した時点での発言が、以下の部分である。

此種ノ談合ニテハ虚心坦懐ノ必要ヲ信スルヲ以テ、我方ヨリモ最モ率直ニ申上ケンカ、日本国民ハ日本ハ七割ノ兵力ニテハ米国ヲ攻撃シ得サル事明白ナルニ反シ、真ノ仮定ナルカ、米国ハ理論上日本ヲ攻撃シ得ヘク、従テ米カ七割ヲ拒ミ六割ヲ主張スルハ、其ノ場合攻撃ニ便ナラシメムトスルカ為ニ外ナラストノ結論ニ到達スルノ外ナク、此ノ感想ヲ覆スコトハ絶対ニ不可能ニシテ、従テ我々ハ七割以下ノ比率ニ依ル条約ニハ到底調印シ能ハサル、困難ナル立場ニ在ルコトヲ充分諒得セラレタシ。

アメリカが日本に六割比率を要求するのは、それが日米戦争の際の作戦上の要請からくるものではないかとの日本国民の疑念は深いのだと、若槻は論じていた。島嶼や水道が多い、海岸線が南北に長く伸びている、極東方面海洋の安寧を維持する必要がある、などという表向きの説明(34)に踏みとどまるのではなく、リアリストの観点で相手に斬り込んでいる点に興味をおぼえる。

表1

艦種	米国	英国	日本
八吋砲巡洋艦	一八隻一八万噸	一五隻一四万六八〇〇噸	一二隻一〇万八四〇〇噸
六吋砲巡洋艦	一四万三五〇〇噸	一九万二二〇〇噸	一〇万四五〇噸
駆逐艦	一五万噸	一五万噸	一〇万五五〇〇噸
潜水艦	五万二七〇〇噸	五万二七〇〇噸	五万二七〇〇噸
合計	五二万六二〇〇噸	五四万一七〇〇噸	三六万七〇五〇噸

それでは、海軍軍令部の加藤などは、なぜ対米七割でなければならないと考えていたのだろうか。また、日米戦争はどのような契機で起こると考えていたのだろうか。加藤を強烈に後押ししていたことで知られる東郷平八郎元帥の見方を、加藤が書き取った言葉で語らせてみよう(35)。

将来之支那は禍根である。日本之武力が畏敬すへきものでなくなつたら東洋之平和は忽ち乱れる。英米が口ニ不戦を唱え国際聯盟を云ふなら、布哇や新嘉波（韮島《ママ》と云はれたるも此意ならん）之防備ヤ兵力之集中は何之為かと云え。（中略）世界平和は結構、且ツ万人之声なること幣原の「ラジオ」之如くなれと表と裏がある。幣原はア丶云はなけれはならんかも知れんが、吾々は其裏を考へ用心堅固ニせねばならぬ。

中国の不安定化を予想した場合に、日本の武威がなければ極東の安定は保たれないとの見方であり、軍人は外交官とは違って、不戦条約や国際連盟の裏面を見すえなければならないと述べていた。ともあれ、若槻とスティムソン間、松平とリード間にそれぞれ会談が積み重ねられた結果、三月一二日に表1のような日米妥協案に達し、全権は連名でこの妥協案の線での妥結を請訓した(36)。日本の兵力量は、総括的な比率で対米六割九分七厘五毛となった。以上をまとめれば、不戦条約を基礎として交渉がなされたロンドン海軍軍縮条約であったが、潜水艦問題にしても、比率の問題にしても、本条約が権力政治的側面をも当然のことながら持っていることを示していた。若槻、幣原の最終局面での説明の観点もそれを裏づけていた。

4　条約上の兵力量

4・1　回訓手続き

四月二二日に調印された条約、「一九三〇年ロンドン海軍条約」は、第五八特別議会の本会議、予算委員会の議事にふされることになった。そこで騒然たる議論となったのが、よく知られたように回訓時の手続き問題であった。海軍軍令部内に異論のあったことを知りぬいていた野党政友会が、倒閣の手段として本問題を持ちだしたのは見やすい論理であろう。軍令部が回訓案に反対していたにもかかわらず、政府は回訓決定を強行したのではないかと、野党議員は執拗に問題とした。

さて、可能な限りの史料を用いて、回訓の手続きを確認しておこう。四月一日午前八時半、総理官邸日本間応接室において浜口総理は、岡田啓介参議官、加藤軍令部長、山梨勝之進海軍次官の三名を招き、三月三一日夕方幣原外相から受けとった政府回訓案を、この日初めて海軍側の三名に見せた。これが、この後の議会において「政府ハ軍事専門家ノ意見ヲモ十分ニ斟酌シ」[37]回訓をしたと何度も述べることになる、四月一日の会談である。行論に必要な範囲内で最低限確認しておくと、浜口は次のように海軍側の了承を求めている[38]。

本件ニ関シテハ、軍事、外交、財政等ノ多方面ヨリ観察シ、国家ノ大局ヨリ判断シ、協定ヲ成立セシムルヲ以テ国家ノ利益ナリトシ、大体全権ノ請訓案ヲ骨子トシ、軍部ノ専門的意見ハ出来ル丈ケ之ヲ取リ入レテ別ニ示スカ如キ回訓案ヲ作成シ、之ヲ以テ本日ノ閣議ノ決定ヲ乞ヒ、上奏ノ後直ニ訓電ヲ発セントス、右ニ諒承アリタシ。

浜口がここでとったプロセスは、次のようにまとめられよう。回訓案の最終的作成は外務省にまかせ、その回訓案への同意は、海軍省の代表者（財部海相は全権の一人としてロンドンへ赴いていたので、浜口総理自身、海相事務管理の立場にあった。よって、海軍軍政の実質的責任者は次官であった）と軍令部長さらに長老格の参議官からとりつけ、閣議決定をもって最終的に政府決定とするというものである。

このプロセスは、原田熊雄が後に、政府のとった措置をまとめて述べた次の文章、すなわち「條約の締結は純然たる国務である。今回の問題は海軍の兵額決定に関する條約である。たとへ回訓案は決定当時軍令部に多少の異論があつても、前後の決定権は政府に属するものであるから、この點において何等統帥大権を侵犯したものでないことは極めて明確である」(39)と一致する。

海軍の兵額決定に関する条約の締結は、大日本帝国憲法第一二条「天皇ハ陸海軍ノ編制及常備兵額ヲ定ム」のいわゆる編制大権にあたり、それは国務大臣輔弼の責任事項である、との政府判断のもとに回訓手続きが行なわれたことを示している。政府が美濃部達吉の憲法学説を周到に研究しているさまは、浜口の日記や『西園寺公と政局』からも明らかであり、宮中においても岡部内大臣秘書官長などは、美濃部の話を聞きにいく一方で、行政裁判所評定官や枢密院書記官などを歴任した憲法学者清水澄にも確認している[40]。

十一時、清水御用掛御進講を済ませて控室に帰られたのを待って、目下問題となって居る憲法第十一条統帥大権と第十二条編制の大権との関係を聴取した処、編制大権は大臣輔弼の責任事項なりとの説は美濃部博士の説と同様。

このような美濃部・清水などの憲法学説であれば、想定の上では最悪の場合軍令部の同意が全くなくとも、国務大臣の政務の範囲で処理できたことにはなる。ただし政府の実際の議会答弁の方針は、すでに先行研究も明らかにするごとく、ここまで美濃部に忠実な解釈ではなく、一九二五（大正一四）年三月二二日、第五〇議会貴族院において花井卓蔵の質問に対して加藤高明内閣の塚本清治法制局長官がなした答弁のラインを踏襲したものだった。その答弁の主要な部分は「第十二条の大権は第十一条の大権と緊密の関係を有するによりまして、その行使のうえにおきましては、第十一条の大権の作用を受くるものがあるということをお答えいたします[41]」というもので、たとえ第十二条の範囲でも、統帥部との共同輔翼を必要とする部分の存在することを否定してはいなかった。

そうであれば、内閣の防戦のラインは、岡田参議官、山梨次官とともに、加藤軍令部長を総理官邸に招いて行なった四月一日の回訓手続きが、統帥部（この場合は海軍軍令部）との共同輔翼を遂げたといいうるものである、とあくまでも主張する作戦となる。一九三〇（昭和五）年四月三〇日の衆議院予算委員会で、政友会前田米蔵の質問に対して浜口が「軍部ノ専門家ガ是デハ国防ガ安全デナイ、責任ガ取レヌト言ッテ居ルト云フコトヲ私ハ認メナイ、其仮定ノ上ニ立ッタル御質問ニハ、随テ答弁ノ必要ハ自然ナイノデアリマス」(42)と極めて強い調子で述べ、五月七日の貴族院本会議でも公正会池田長康の質問に対して、同様に「政府ハ調印前ニ当ッテ、軍部ノ専門的ノ意見ハ十分之ヲ斟酌シタル上ニ於テ調印ヲシタリト申ス外ハアリマセヌ、特ニ軍令部長ノ名ヲ指摘サレテ、其人ノ同意ヲ得タカドウカト云フ御質問ニ対シテハ、是ハ御答ヲ差控ヘタイト存ジマス」(43)と答えていたのは、以上のような経緯による。この点では譲歩してはならなかったのである。

4・2　海軍軍令部長の上奏内容

さて、話を四月一日の回訓決定時に戻そう。総理官邸でなされた浜口の説明に対して、岡田が海軍を代表するかたちで、この回訓案を閣議にはかることに同意する旨の書きものを読みあげた。その後発言した加藤は、浜口の記すところでは「請訓案ニハ用兵作戦上カラハ同意スルコトガ出来マセヌ、用兵作戦上カラハ」(44)と述べている。加藤自身の記録ではこれが「国防用兵の責任者として米提案を骨子とする数字は計画上同意し難き旨」明言したとなっている。(45)「岡田啓介日記」では「米国案の如くにては用兵作戦上軍令部長として責任は取れません」(46)と言明したと書かれている。

総じていえば、加藤が、全権の送ってきた請訓案では用兵作戦上は同意できないと述べたことは確実と思われる。ただ、政府の決定する回訓案に同意できないとの言明はしていない。おそらく、内閣と同じ考えをもっていた海軍省との決定的対立は避けなければならないとの自覚がそれをふみとどめたのだろう。

このことは、加藤が四月二日に上奏した内容からも推察される。加藤がいったい何を上奏するのか案じていた奈良侍従武官長は「結論トシテハ、米国提案ニ同意スルトキハ、国防ノ遂行不可能ナリト言フニアラスシテ、米国提案ニ同意スルトキハ、大正十二年御策定ノ国防ニ要スル兵力及国防方針ノ変更ヲ要スト云フニ過キサル(47)」と書いて、それが政府回訓への反対上奏ではなかったことに安心している（傍点は引用者）。

さらに、堀悌吉海軍省軍務局長が一九三〇（昭和五）年末の段階で作成した「倫敦海軍条約締結経緯」でも、加藤の上奏の結論部分は「今回の米国提案は勿論、其の他帝国の主張する兵力量及比率を実質上低下せしむるが如き協定の成立は、大正十二年御裁定あらせられたる国防方針に基く作戦計画に重大なる変更を来すを以て、慎重審議を要するものと信じます(48)」となっており、確かに四月二日の加藤の上奏を「世上之を回訓反対の上奏となすものあるも誤れるの甚しきもの」と堀軍務局長がコメントしているのも道理にかなっている。

つまり、少なくとも、政友会や枢密院によって問題が浜口内閣倒閣問題に発展させられる前、原初的な条約締結問題の発生の時点では、加藤の反対の表明の仕方は、条約上の兵力量では一九二三

（大正一二）年二月二八日に裁可された（第二次改定）、帝国国防方針の「国防ニ要スル兵力」や「用兵綱領」と齟齬をきたす、というラインに立っていた。そうであればこそ、この上奏を受けた奈良侍従武官長が、新条約体制に適合するように国防方針を改定する必要があるのか、早速検討を開始することにもなるのであろう。(49)

〔昭和五年五月二一日〕陛下ニ国防方針、国防方針ニ要スル兵力、用兵綱領ヲ改定スル際ノ手続ニ付、大正十二年二月即チ華府会議後ノ前例ヲ御説明申上ケ、且ツ倫敦会議ノ結果、以上ノ三者改定ヲ要スルヤ否ハ今後ノ研究ニ待チ、若シ改定ヲ要ストノ結論ニ達スレバ、前例ノ如ク元帥府ニ御諮詢、総理大臣ニ御下問ヲ要スヘキ旨申上グ。

こうして確認してみると、政府のとった回訓手続きのプロセスも、加藤の述べた国防方針と条約上の兵力量の齟齬問題についての軍令部としての意見上奏も、ともに当時の憲法や軍令機関の管掌事項上、双方ともに、問題なく成立する論理だと判断される。

つまり、一方が憲法論を踏みはずしたり、一方が理念に走ったりしたがために起こった問題とはいえないと思われる。政友会や平沼派や枢密院に踊らされた「短慮」の加藤軍令部長、とのイメージを一方に配し、統帥権を制限的に解釈する美濃部の憲法解釈に走った浜口内閣、とのイメージを一方に配して理解するのでは、ロンドン海軍軍縮がはらんでいた問題がかえって見えにくくなるのではないだろうか。

むしろ、双方に別個の引証基準があったからこそ、問題がこのように大きくなったと考える方が自然である。倒閣を目標とするような「為にする」論議への分析はひとまず措き、ロンドン海軍軍縮問題が昭和期の政治構造を一変させるような導因として働きうるような、負のエネルギーをためこんでいくのはどうしてなのかを考えてみたい。

4・3　条約上の兵力量――常備兵額なのか所要兵力量なのか

まず、貴族院の本会議上で議論された、条約上の兵力量というものが常備兵額なのか、所要兵力量なのかという問題に注目しよう。五月七日の貴族院本会議で、池田長康[50]が質問に立った。

伺ヒタイ事柄ハ、此兵備ニ関スル量ハ、所謂是ハ常備兵額デアリマスルカ、或ハ保有兵額デアリマスルカ、外務大臣ノ御言葉ニ依リマスレバ、保有量ト云フコトヲ度々言ハレテ居ルノデアリマス、此保有量ト云フ事柄ハ常備兵額デハナクシテ、所謂作戦計画ノ基礎ニ基イタ所要兵額デアルト思フノデアリマス。

これに対する、浜口総理の答弁は次のようなものだった[51]。

倫敦條約ノ中ニ規定サレテ居ル所ノ、帝国ノ海軍ノ兵力量ハ常備兵額ト認ムベキモノデアルカト云フ御質問デアリマス。其御質問ニ対シマシテハ大体ニ於テ左様デアリマスト御答へ致シマス。

この答弁から何が引き出せるのかは順次述べるとして、当面、加藤軍令部長がこの池田の質問に注目し、その日記の中で「池田長康〔男爵、貴族院議員〕統帥権質問微に入る」(52) とコメントしていることを記憶にとどめたい。

常備兵額というのは、もちろんここでは憲法第一二条「天皇ハ陸海軍ノ編制及常備兵額ヲ定ム」中の文言であり、『憲法義解』(53) の説明にいう「毎年の徴員」にあたる単語である。ちなみに、編制という語の字義は同書では「軍隊艦隊の編制及管区方面より兵器の備用、給与、軍人の教育、検閲、紀律、礼式、服制、衛戍、城塞、及海防、守港並に出師準備の類」と定義されるものである。『憲法義解』の英文(54) を参照してみると、この常備兵額の部分には、peace standing of the Army and Navy との訳語が当てられ、その「毎年の徴員」の内容としては、「毎年徴集される常備軍の兵員の数を定めること」との英文の説明がある。普仏戦争頃の欧州情勢を反映させた条文を参照してつくられた明治憲法の条文であるから、どうしても海軍の保有噸数については念頭に置かれることは少なく、陸海軍兵員の数といったイメージでこの常備兵額という単語は語られがちであった。

憲法制定当時、「天皇ハ陸海軍ノ編制ヲ定ム」との条文であった憲法草案第一二条に、常備兵額という文言を加えた経緯については、憲法草案審議のための枢密院第三審会議における伊藤博文議長の発言が参考になる(55)。

常備兵額ハ編制ノ中ニ包含セサルカ為メ、之ヲ明記シテ後日ノ争議ヲ絶ツノ意ナリ。現ニ英国ノ如キハ其ノ兵額ヲ毎年議スル例ナリ。本邦ニ於テハ之ヲ天皇ノ大権ニ帰シテ、国会ニ其ノ権ヲ與ヘサルノ意ナリ。

伊藤がここで、常備兵額は、編制という単語の概念中に含まれないから、常備兵額と明記しなければ争議が起こるといっていることの背景には、君主の軍隊編制権と議会の予算議定権の関係についての、井上毅のロエスレルに対する質疑があった。ロエスレルは、編制と常備兵額という文言を双方ともに明記しなければならない理由につき、例を挙げて論じている(56)。

――編制というのは、たとえば軍隊を三〇連隊に分かつことをいう。そして当初は、一連隊を三〇〇〇人として三〇連隊なら総人員九万人、一人について二〇〇〇円の費用がかかると決めてあったとする。ところが、「天皇ハ陸海軍ノ編制ヲ定ム」という文句だけでは、たとえば議会は次のようなことが可能となる。すなわち、世の中が泰平無事であるから、三〇連隊という数字は変えないが、一連隊の人員を二〇〇〇人に減らしてしまい総人員を六万人、一人の費用も例えば一七〇〇円に減らしてもよいではないか。もし、常備兵額という文言がなければ、以上のような議会の修正を止めるすべはない――。

このような憲法制定時の問答からも、陸軍兵員の数、それに応じた兵員の俸給などを含意して、常備兵額という文言が使用されているのがわかる。ドイツ人顧問の展開する話であるから、海軍の保有噸数などは、初めから想定されていないかのようである。

ここでもう一度池田長康の質問にもどってみよう。池田が所要兵額、あるいは所要兵力量と述べていたのは、一九〇七（明治四〇）年の策定後、この時期までに二度改定（大正七年と大正一二年）されていた国防方針の三構成要素「日本帝国ノ国防方針」、「国防ニ要スル兵力」、「帝国軍ノ用兵綱領」のうち、「国防ニ要スル兵力」のことである。池田が質問していたのは、英米との間に締結したロンドン海軍条約で定める兵力量というのは、この国防方針にいう所要兵力量のことではないか、ということである。それに対して浜口総理は、条約の定める兵力量というのは、所要兵力量ではなく、常備兵額に相当すると答えていた。

さきにも述べたように、常備兵額という文言はただでさえ陸軍の徴集人員数や部隊の装備や補給資材の整備などと密接不可分に語られてきた経緯があった。さらにまた「常備」という表現も、平時というように読みかえられやすく、条約上の兵力量に相当するとは考えられにくいうらみがあった。たとえば、五月八日の貴族院予算委員会の席上、井上清純は次のように質している。(57)

海軍ノ所要保有量ト云フモノハ、即チ戦時ノ保有量デアリマシテ、実勢艦隊其モノヲ指スモノデアリマスカラ、無論是ハ国防用兵ヲ掌ル所ノ軍令部ガ主トシテ参画シナケレバナラヌ。

井上はここで、条約上の保有量というのが、戦時の保有量であれば、これは軍令部の管掌事項に入るのではないか、といって浜口を揺さぶっていた。では、兵力量といったものを軍自身はどのように考えていたのか、史料から明らかにしておく必要があろう。その場合、海軍省と海軍軍令部の史料に関しては、軍事参議官会議や枢密院の審査をクリアするため、回訓時にとったそれぞれの立場を最大限有利にするために編纂された史料が多いのでこれを避け、ここでは、基本的に本問題に局外者であった陸軍省の作成したものの中から、(58)兵力量という用語についてまとめておきたい。

まず、兵力量という単語は陸軍では通常用いないといっている。その上で海軍の今回の議論の中での字義をまとめると、海軍における兵力量とは「保有総噸数、艦種及艦種別総噸数、艦種別単艦の最大噸数、備砲装備」を意味しており、「海軍戦闘威力の重要なる要素を包括するもの」と定義していた。次いで、兵力量はいかなる手続きを経て増減されるかのケース・スタディをまとめている。たとえば、統帥機関（陸軍の場合は参謀本部）が国防用兵上の見地に基づいて師団数の増加を必要と感じた場合はどうなるか。

その場合、統帥機関は国際的事情や国家の財政状況を考慮した上で、これを軍政機関（陸軍の場合、陸軍省）に移し、軍政機関はこれを国家の財政担当者と協議し、その協議の内容をもって統帥機関と往復し了解が成立した上で、軍部大臣が閣議にはかるとしている。逆の場合、すなわち政府が政策的見地から兵力量の削減を希望する時などには、政府はこれを軍政機関に移し、軍政機関と統帥機関の間で協議了解をとげ、政府と統帥機関の完全な了解のもとで、兵力量が決定されるべきであると述べている。

本史料は、陸軍にあっての軍政機関である陸軍省が作成しているので、兵力量増減の立案権を政府と統帥機関双方に認めた議論を展開していた。結論として「兵力量の決定は憲法の条項に照し、明らかに其の第十二条即ち　天皇は陸海軍の編制及常備兵額を定む　なる大権事項に属す」とまとめている。陸軍省は、条約上の兵力量を、憲法第一二条の「編制と常備兵額」に相当すると判断していることがわかる。

しかし、軍政担当官の目には、兵力量＝常備兵額＝憲法第一二条と当然映ることも、統帥機関の担当者の目には同じ事態が、異なる様相を呈するのだろう。軍令部にとって兵力量とは、ごく自然に一九〇七（明治四〇）年の帝国国防方針中の所要兵力量が想起されるのではないか。よく知られたように、前年一二月二九日から、参謀総長と海軍軍令部長が商議を開始し、国防方針は政略に関するために、また所要兵力は軍政と直接関係するので陸海軍大臣と協議することとなった。一九〇七年二月一日、参謀総長と海軍軍令部長は一連の国防方針を上奏する。その後、国防方針は国家の政策と重大な関係をもつために総理大臣の審議を経るべきだとされ、所要兵力については総理に内覧が許された。(59)

このような経緯で定められた兵力量とは、次のように表現されるようなものとなる。(60)

帝国国防ニ要スル兵力ハ、陸軍ハ二十五個師団、海軍ハ最新式ノ戦艦八隻、同装甲巡洋艦八隻ヲ主力トシテ、之ニ相応スル補助艦ヲ付属ス。

加藤軍令部長が「兵力量」と聞いて想起したのは、このような、国防方針に規定されるところの「所要兵力量」であった可能性が高い。内閣や軍政の担当者が「兵力量」と聞いて直ちに想起する「常備兵額」とは違うのである。内閣にとっての「兵力量」と加藤にとっての「兵力量」は、根本から別個の「出典」を持っていたということになるのではないか。ロンドン海軍軍縮問題とは、「兵力量」決定を行なう政治主体はどこなのかをめぐる争論ではなく、より根元的に「兵力量」とは何なのかをめぐる問題、すなわち憲法第一二条中の「常備兵額」と帝国国防方針中の「所要兵力量」の間をめぐる争論であった。

一九三〇年ロンドン海軍条約の正文(61)には、「常備兵額」との字句も「所要兵力量」との字句も、一度も登場しない。

＊史料の引用にあたっては、句読点を適宜補った。

注

(1) ワシントン海軍軍縮条約に調印した仏・伊は、ロンドン海軍条約には部分的に参加するにとどまった。主力艦・航空母艦に関する協定、潜水艦の艦型制限および補助艦の代換建造に関する協定、潜水艦の使用制限に関する協定にだけ参加した。よって、補助艦の保有量（条約文の第三編第一四条以下に相当する）については、英米日三国間の協定となっている。

(2) 小林龍夫「海軍軍縮条約（一九二一年～一九三六年）」、日本国際政治学会、太平洋戦争原因研究部編『太平洋戦争への道』第一巻、朝日新聞社、一九六三年、新装版一九八七年。

(3) 伊藤隆『昭和初期政治史研究―ロンドン海軍軍縮問題をめぐる諸政治集団の対抗と提携』東京大学出版会、一九六九年。

(4) 麻田貞雄『両大戦間の日米関係―海軍と政策決定過程』東京大学出版会、一九九三年。

(5) 外務省編刊『日本外交文書　一九三〇年ロンドン海軍会議』上巻、一九八三年、下巻、一九八四年。

(6)『帝国議会衆議院議事速記録　五四』東京大学出版会、一九八三年、『帝国議会衆議院委員会議録　昭和篇一五』東京大学出版会、一九九一年、『帝国議会貴族院議事速記録　五五』東京大学出版会、一九八三年、『帝国議会貴族院委員会速記録　昭和篇一五』東京大学出版会、一九九一年。

(7) 昭和期に強くなるのが軍と宮中グループであるとの着想は、御厨貴氏のご教示による。

(8) 升味準之輔『日本政党史論』第七巻、東京大学出版会、一九八〇年、第一九章。

(9) 伊藤氏の研究に対する書評的論文としては、拙稿「政治史を多角的に見る」、義江彰夫ほか編『歴史の対位法』東京大学出版会、一九九八年。本書の第一〇章がそれにあたる。

(10) 原田熊雄述『西園寺公と政局』第一巻、岩波書店、一九五〇年、一八～一九頁。

(11) 池井優・波多野勝・黒沢文貴編『浜口雄幸／日記・随感録』みすず書房、一九九一年、三一八頁。昭和五年三月二七日の条。
(12) 『吉野作造選集』第六巻、岩波書店、一九九六年、五頁。初出は『六合雑誌』(一九一九年一月)。
(13) 『岡義武著作集』第七巻、岩波書店、一九九三年、一五〇頁に引用された、岡の訳になる Harold Nicolson, *Peacemaking*. 1919. pp.191–192. の部分。
(14) 『日本外交文書 一九三〇年ロンドン海軍会議』上巻、七七頁、「昭和四年五月二十七日松平駐英大使→田中外相宛第一八九号電」。
(15) 同前書、一二〇頁、「昭和四年七月十五日松平駐英大使→幣原外務大臣宛第二五四号電」。
(16) 同前書、一二三頁、同前電報。
(17) 同前書、二四二頁、「昭和四年十月十六日幣原外務大臣→松平駐英大使宛第二六二号電」。
(18) 『西園寺公と政局』第一巻、六四頁、昭和五年五月二二日口述の分。
(19) 波多野澄雄、黒沢文貴編集・解説「奈良武次侍従武官長日記〈抄〉」、『中央公論』(一九九〇年九月)、二三〇頁。文中の〔 〕は編者の補ったもの。
(20) 『浜口雄幸／日記・随感録』四四七頁。
(21) 『続・現代史資料5 海軍 加藤寛治日記』みすず書房、一九九四年、九〇頁、九四頁。
(22) E・H・カー、井上茂訳『危機の二十年』岩波文庫、一九九六年、一四六頁。
(23) 『日本外交文書 一九三〇年ロンドン海軍会議』上巻、二一一頁、「昭和四年十月八日松平駐英大使→幣原外務大臣宛第三七八号電」。
(24)(25)(26) 『日本外交文書 一九三〇年ロンドン海軍会議』下巻、六〇頁、「昭和五年二月十一日全権→幣原外務大臣宛一一七号電」。
(27) 『日本外交文書 一九三〇年ロンドン海軍会議』上巻、一三三頁、「昭和四年七月十九日山梨海

軍次官→在英米大使館付海軍武官宛第九三号電」。
(28) 同前書、二一五頁、「昭和四年十月十日安達駐仏大使→幣原外務大臣宛第三四六号電」。
(29) 『危機の二十年』一六四頁。
(30) 同前書、一六五頁。
(31) ロンドン海軍会議への日本側全権は、前首相若槻礼次郎、海相財部彪、駐英大使松平恒雄、駐白大使永井松三。
(32) 『日本外交文書　一九三〇年ロンドン海軍会議』下巻、八〇頁、「昭和五年二月十五日幣原外務大臣→全権宛第六〇号電」。
(33) 同前書、八八頁、「昭和五年二月十八日全権→幣原外務大臣宛第一四九号電」。
(34) 同前書、六三頁、「昭和五年二月十二日全権→幣原外務大臣宛第一三二号電」の「軍縮会議における日本全権の態度に関する声明について」文書。その中に「海軍力ノ相対性ニ鑑ミ、日本ハ国ノ安全ヲ確保スルニ足ル海軍力、即チ極東方面海洋ノ安寧ハ日本ノ最モ重キヲ置ク処ナルニ依リ」との文言が見える。
(35) 「東郷元帥之御答え（加藤之所要兵力説明ニ付）昭和四年十一月十三日」、『続・現代史資料5　海軍　加藤寛治日記』四六七〜四六八頁。
(36) 前掲、小林「海軍軍縮条約（一九二一年〜一九三六年）」六四頁。
(37) 昭和五年四月二五日衆議院本会議における幣原外務大臣の演説、『帝国議会衆議院議事速記録五四』一三頁。
(38) 「軍縮問題重要日誌　昭和五年四月一日」、『浜口雄幸／日記・随感録』四四五〜四四六頁。
(39) 『西園寺公と政局』第一巻、五五〜五六頁、昭和五年五月一六日の口述分。
(40) 尚友倶楽部編『岡部長景日記』柏書房、一九九三年、三四三頁、昭和五年四月二二日の条。

(41) 前掲、小林「海軍軍縮条約（一九二二年～一九三六年）」一〇二～一〇三頁。
(42) 『帝国議会衆議院委員会議録　昭和篇一五』一九～二〇頁。
(43) 『帝国議会貴族院議事速記録　五五』九〇頁。
(44) 「軍縮問題重要日誌　昭和五年四月一日」、『浜口雄幸／日記・随感録』四四六頁。
(45) 『続・現代史資料5　海軍　加藤寛治日記』九四頁、昭和五年四月一日の条。
(46) 「岡田啓介日記」昭和五年四月一日の条、『現代史資料7　満洲事変』みすず書房、一九六四年、八頁。
(47) 「奈良武次侍従武官長日記〈抄〉」三三一頁、昭和五年四月二日の条。
(48) 『現代史資料7　満洲事変』九二頁。
(49) 「奈良武次侍従武官長日記〈抄〉」三三一頁、昭和五年五月二一日の条。
(50) 『帝国議会貴族院議事速記録　五五』八九頁。
(51) 同前書、九〇頁。
(52) 『続・現代史資料5　海軍　加藤寛治日記』九七頁、昭和五年五月七日の条。
(53) 伊藤博文著、宮沢俊義校訂『憲法義解』岩波書店、岩波文庫、一九九七年第九刷、三八～四〇頁。
(54) Count Hirobumi Ito, translated by Miyoji Ito, *Commentaries on the Constitution of the Empire of Japan* (Igirisu-Horitsu Gakko: Tokyo, 1889), p.26.
(55) 稲田正次『明治憲法成立史』下巻、有斐閣、一九六二年、八三七頁。
(56) 同前書、八〇二頁。
(57) 『帝国議会貴族院委員会速記録　昭和篇一五』三三三頁。
(58) 「所謂兵力量の決定に関する研究　昭和五年五月二十七日　陸軍省」、『現代史資料11　続・満洲事変』みすず書房、一九六五年、二一四〜二一七頁。

(59) 角田順『満州問題と国防方針』原書房、一九六七年、七〇四〜七〇五頁。

(60) 同前書、七〇五頁。

(61) 「千九百三十年ロンドン海軍条約」、外務省編刊『日本外交文書　海軍軍備制限条約枢密院審査記録』一九八四年、四五一〜四九五頁。

第六章　統帥権再考

——司馬遼太郎氏の一文に寄せて——

1　問題の所在

作家司馬遼太郎氏は、一九八六（昭和六一）年、「この国のかたち」という名の連続コラムを『文藝春秋』誌上に発表された。(1) このなかで氏は、昭和戦前期が日本の長い歴史上、「非連続」であったということを、率直なる感慨として述べている。その際司馬氏は、ソ連の参戦がいま少し早ければ満洲の東部国境で死ぬはずだったという氏の、戦争を同時代人として生きた「立場」を告白するばかりか、「あんな時代は日本ではないと、灰皿でも叩きつけるようにして叫びたい」といった感情までを隠さずに表現している。戦争を同時代として生きた人間が、半数を欠いたとはいえ存在している現代という時代に、書き手が感情を流露させつつ、昭和戦前期を分析してみせるという、ある意味で、感慨に流されたかのように見えるこの行為は、しかし、単に率直さのみを物語っているのではない。というよりも、そのような表層とは、別個の次元で、この書き手は、確実に昭和戦前期の分析の鍵を手に入れている。それは、「統帥権の独立」という六文字の用語であった。日露戦争の勝利から太平洋戦争の敗戦までの期間を〈異胎の時代〉と呼ぶ氏は、この時代を理解する手だてを、次のように書いている。

この魔法の岩にも、さきの飾り職人のいう理《すじ》があるはずで、おろかなことだが、ごく最近になってその理が、異常膨脹した昭和期の統帥権の〈法解釈〉ではないかと思うようになった。

いうまでもなく、魔法の岩とは、昭和前期の国家についての比喩であり、飾り職人のいう理とは、その部位をつけば極めて小さな力でも大岩を破砕することができる部分という意味で、魔法の岩のなかにあっては「統帥権の独立」と同義である。統帥権が次第に独立しはじめ、一種の万能性を帯びるという事態とその番人たる参謀本部＝統帥機関の暴走とによって、「明治人が苦労してつくった近代国家は扼殺された」というのが氏の見方である。

しかしながら、筆者は、満洲事変を突破口とする政治介入に始まった昭和戦前期における軍の政権掌握への道を、「統帥権の独立」という概念で説明することができるのかということについて疑問を抱いている。「統帥権の独立」とは、歴史を振り返ってみれば、明治憲法の持つ多元性容認の側面に則って初めて成立していた。なぜなら、明治憲法は、「統帥権の独立」を成文上明らかにするものではなかったがゆえに、憲法制定前の慣行の効力を極力認めようとするものであっただけでなく、軍令第一号、参謀本部条例や軍令部条例等「統帥権の独立」を保証する、憲法以外の法との緩やかな並立関係を是認していたからだ。(2)

しかし、この「統帥権の独立」が、昭和戦前期の〈魔法の杖〉として貫徹できたとは思われない。というのは、日本にとって、第一次世界大戦の衝撃が、まず総力戦体制というものへの、多分に焦燥を帯びた希求となって現れたからである。総力戦ともなれば、権力分立が解消の方向に向かわざるをえないのは当然予想される。「全体主義国家」イメージの強い独ソはともかくとして、「民主主義国家」の英仏でさえ、強力な権力統合を意図した「戦時内閣」を大戦中に成立させたことは、日本の政党勢力と軍部とを、それぞれ異なった関心からではあるが瞠目させた。

大戦期の「戦時内閣」の最大の特徴は、全軍の指揮権を内閣の首班が掌握するというものであった。山県有朋の創った軍部大臣現役武官制によって、政党員を軍部大臣にする道を断たれていた政党にとって、首相が全軍の指揮権を握ることができるということは、極めて魅力的なことだったに違いない。一方軍部にとっても、その首相さえ押さえれば、戦争指導方針の徹底が格段に進捗することが期待される訳であるから、無視できない方式であったと思われる。事実、「軍務局に永田あり」といわれた永田鉄山は、臨時軍事調査委員の一人として参戦諸国についての研究を始めていた。

また、大戦中仏国軍に従軍した経験を持つ酒井鎬次という参謀本部員は、国軍指導という「統帥」の上に政治と統帥とを合わせた「戦争指導」という段階が達成されなければ、総力戦はおぼつかないと考え、「戦時国家最高機関」というものの必要を説いていた。それは、戦時にあたって参謀本部を中心として構成される大本営と、政治を司る内閣との、上部に存在するものとして構想されていた。

ここにみられるような考えかたは、大正の半ばからゆっくりと浮上してくる。それは端的にいえば、「政治が統帥を支配する」(3)ようにならなければ、軍部の存在理由である、戦争に勝利するという目的を達成できないというつきつめた考えかたである。こういった考えは、「統帥権の独立」に守られた参謀本部の在り方をも当然、問い返すものとなってくるはずなのである。以上の問題関心に立った上で、司馬氏のいう〈異胎の時代〉における、「統帥権の独立」及び統帥機関について、次節より考えてみたい。

2　参謀本部の成立及びその権限
——明治時代——

司馬氏の主張の趣旨からいって、本来日露戦後より書き起こすべきであるが、明治憲法体制確立の時期までの軍部の存在形態こそ、前述の如く、軍部の恃みとする「慣行」にあたるわけであるから、創成期にも、一瞥を加えておくこととしたい。

一八七八（明治一一）年一二月五日、参謀本部が陸軍省から独立した。これは、ドイツ留学期間、ドイツ流の「軍政二元主義」について研究を深めた桂太郎の上申の成果といわれている。「軍政二元主義」については、幕末日本が採用したフランス流の「軍政一元主義」に対比するように扱われるが、ドイツとてこの主義を採るようになったのは、日本の参謀本部独立からあまり遡った時期ではない。参謀総長（当時は、大モルトケ）が、これまで軍事大臣の出していた作戦命令を出すようになり、帷幄上奏権（統帥事項について、統帥部が天皇に上奏することを保証した権利）を有するようになったのは、せいぜい一八六六年で、普墺戦争の頃である。

ところで、この一八七八年という時期にはいまだ内閣制度ができておらず、太政官制の下であった。ここで問題となってくるのは、統帥機関＝参謀本部のトップである参謀本部長（当時は参謀総長という名称はない）と、軍政機関＝陸軍省のトップである陸軍卿との上下関係である。参謀本部長は、統帥権に関する最高の輔弼機関である以上、軍政における陸軍卿の地位にあるのではなくて、むしろ其の上の太政大臣に相当する地位にあると考えられていた。なぜなら、陸軍卿は直接天皇輔弼の責に任ずることはできず、それはもっぱら太政官の三職、なかんずく太政大臣にあったからだ。したがって、参謀本部長の地位は、陸軍卿に優越するものであったと解釈されよう。

このように、設立当初の参謀本部は、太政官制上陸軍省の上位に位置するものであった。内閣制度成立前であり、明治憲法制定前のこの時期の参謀本部の地位がこのように高いものであったからこそ、これ以降、軍部が「慣行」に恃む根拠があったと思われる。
一八九三年五月一九日、海軍軍令部の成立によって、軍令（＝統帥）機関は帷幄の大令を奉行するものとして陸軍は参謀本部、海軍は軍令部が置かれて、天皇統帥を輔翼することになった。各々の職域を掲げると、次のようになろう。

参謀本部――国防及用兵の事を司り、参謀総長は天皇に直隷し、帷幄の軍務に参画し、国防及用兵に関する計画を司る。

軍令部――国防用兵の事を司り、軍令部長は天皇に直隷し帷幄の機務に参ず。(4)

参謀本部、軍令部共に国防用兵の計画を管掌していたことが了解される。そして、両統帥機関の職域は、計画の樹立にとどまるものであって、いかなる程度においてその計画を実行に移すべきかに至っては、国政の事情により決定すべきもので、閣議がこれにあたるべきであるとされていた。しかし、実際のところ両統帥機関の職域の実態が国防用兵計画の樹立だけにとどまるものであったとは、考えられないところである。

一例として、一九〇七年四月一九日に決定された〈帝国国防方針〉、〈国防に要する兵力量〉、〈帝国軍の用兵綱領〉の策定経過にみられる、特異な点を指摘しておこう。これらを案出したのは、当時参謀本部員の田中義一であり、(5)参謀総長と海軍軍令部長の協議の上で、山県有朋（当時、枢密院議長）が実現に移した。

本来国防方針とは、国務上の大権である外交大権と密接に関係するものであり、国務上の大権であるならば、それは内閣の輔弼が必要なのである。また、国防計画に関しても、経費の支出を要する限度においては、帷幄の大権によっては決することができず、必ず内閣の輔弼にまたねばならない。

それにもかかわらず、一九〇七年の策定経過は変則的なものである。すなわち、参謀総長と軍令部長とで合意したあと、これらの案は、「元帥府会議」で決議された上で最終決定となったのである。元帥とは、一八九八年に設置されたもので、「軍事上の最高顧問」と規定されており、一人の皇族を除き、この時の元帥には、山県有朋、大山巌、西郷従道がいた。いずれにせよ、明治憲法を逸脱したかたちで、国防方針の策定が行なわれたことだけは事実であり、参謀本部が、「国防方針の計画」という領域を超える振る舞いをしていたことも確認できる。

本節の要旨をまとめると、第一に、太政官制の下では、参謀本部の優位が決定的であったこと、第二に、〈帝国国防方針〉策定には参謀本部と元帥府が関与したことである。第一は、明治の創成期のことであり、第二は、日露戦後のことである。始点と終点を押さえただけではあるが、この間、統帥機関であった参謀本部の権限は一貫して強大であったように思える。いずれにせよ、参謀本部の権限が、〈異胎の時代〉の「始点」にあたって、かなり高い地位から出発したことだけは、確実なことなのではあるまいか。

3　軍部大臣現役武官制の改正
――大正時代――

まず、「軍部の政治的抬頭」と「統帥機関の暴走」とが同義ではないことを明確にしなければならないだろう。前者を可能としたものが軍部大臣現役武官制であって、後者を可能としたものが「統帥権の独立」であるというのが本来的な関係である。しかし、この元来別個のものが混同されやすいのである。例えば、軍部の政治的介入を許したのは、統帥権の独立であるというように。ではこのような混同が起こりやすいのは、なぜであろうか。

それは、軍部大臣の存在が、軍政二元主義＝兵政分離主義の「例外」として、戦前期日本の法体系の中に位置づけられていたことに由来する。本来、軍部大臣は、内閣の閣員の一部分を構成する国務大臣であるから、統帥機関とは別物でなければならないことが、軍政二元主義によって要請されているのである。ところが、実際はその要請を裏切って、軍部大臣は、ある点につき統帥機関としての役割を付与されていた。統帥権に関する命令を軍令といったが（この軍令を準備し、天皇を輔翼するのは、参謀本部と軍令部）、この軍令に副署する役割を軍部大臣が持っていたのである。つまり、軍令を奉行するものとして、この点についてのみ統帥機関たりえていたのである。軍部大臣が、きわめて限定された意味でのみ統帥機関であったということは、統帥機関のみ有していた帷幄上奏権を、軍部大臣に関しては軍令の副署という場合にのみ有することができるとされていたことからも証明される。よって、普通は、統帥機関といった時に陸軍大臣に率いられた陸軍省、同じく海軍大臣に率いられた海軍省を含まない。

軍部大臣現役武官制が統帥事項ではないことは、これが大正時代の歴代内閣や議会でさかんに話し合われていることからも窺われる。そこで、本節では、軍部大臣現役武官制の変遷について（主として陸軍の場合を）考察する。

一八七五年の陸軍省条例より八八年の陸軍省職員定員表まで、大臣の資格は、「将官」ということで変化なかった。ところが、九〇年三月に海軍大臣の、九一年七月に陸軍大臣の任用資格を全く削ってしまった。この理由は今のところ明らかではないが、同年九月一五日に、軍部大臣の資格について明治天皇より御下問を拝した伊藤博文（当時枢密院議長）の奉答によれば、陸軍はともかく海軍の場合、大臣の資格を将官に限ってしまうと、海軍は将官の数が少ないので人事に停滞を来すのではないかという点に、この改正の発意があったのではないかと推定される。もっとも、伊藤はこの改正に賛成を表してはいない。

一八九九年五月、陸海軍官制改正を行なって大臣・次官の任用資格を「現役将官」と限ったのは、第二次山県内閣の時であった。これによって、軍部の好まざる内閣に軍部大臣を送ることを拒否するという手段を、軍部は握ったことになる。この軍部大臣現役武官制を一層効力あらしめたのは、明治憲法体制期の内閣制度に外ならない。現在の内閣制度のように総理大臣に国務大臣の任免権があれば、なにも軍部が軍部大臣現役武官制を盾に大臣を送らずとも、総理大臣は自己の意に適う人間を大臣に任命すればよいことになり、軍部大臣現役武官制の威力は半減していたと思われる。ところが、周知のように国務大臣単独輔弼を要請する明治憲法第五五条（趣旨は、内閣総理大臣とその他の国務大臣は平等の位置に立つというもの）及び、内閣総理大臣の閣僚任免権を規定していない内閣官制によって、軍部大臣を得られなければ、たとえ大命の降下した人物でさえ、組閣を断念せざるをえない仕組みが誕生したのである。

この、山県の創った制度を改正したのは、山本権兵衛内閣の一九一三（大正二）年六月のことで、軍部大臣現役武官制の「現役」の文字を削った。六月の閣議決定の後、一〇月に官制改正が行なわれた。さらに、初の本格的政党内閣である原敬内閣の下では、注目すべき「変則」が行なわれた。それは、ワシントン会議全権として日本を離れた海軍大臣加藤友三郎の代理職である臨時海軍事務管理に、海軍次官などの軍人ではなく、原首相が就いたということである。一九二一年一〇月のことである。たとえ一時的な処置ではあろうとも、この「変則」が軍部大臣武官制にとって無視できないものであることは、原が事務管理を行なうことを陸軍側が承認する条件として、「陸軍は将来とても、文官の事務管理は之を認めず」という一札を政府より取ったことからも窺える。「現役」の二字を官制より削ったことで勢いづいた政党勢力が次に狙うものは、「武官」の二字であったはずである。陸軍の反対を押し切り、一札を陸軍に与えても、原が強引に海軍事務管理の職に就いたのは、ここに由来している。原内閣に続く高橋是清内閣でも、政党勢力による、軍部大臣武官制への肉薄が試みられた。二二年三月の第四五議会本会議には国民党の西村丹治郎提出の建議案が上程され、満場一致で次のような建議を採択した。

陸海軍大臣の任用資格を陸海軍大将に制限する現行官制は、時代の進運に適せざるをもって、政府は速やかに官制を改正し、右制限を撤廃せられんことを望む。

右、建議す。(6)

また、翌二三年二月、加藤内閣における第四六議会の貴族院予算総会での江木翼の質問に対し加藤友三郎首相は、「軍部大臣が文官で不都合であるとは考えていないが、誰が陸海軍の内部に来ても、了解の出来うる組織にしておくことが、まず大事である」との答弁をした。(7) 軍部大臣武官制への政党勢力の挑戦は、原、高橋、加藤の歴代政党内閣の連係作業として現れている。

以上、本節では、大正期の政党内閣時代における軍部大臣現役武官制をめぐる攻防を取りあげた。全体の論旨のなかで本節の占める位置は、次のようなものである。すなわち、昭和戦前期の軍部の政治的抬頭を保証した軍部大臣現役武官制は、統帥事項ではなく、議会や内閣が自由に論議できるような問題であり、政党勢力による改変を十分期待しうる制度であったということである。軍部が内閣の生殺与奪権を握るという横暴——昭和を最も〈異胎〉たらしめている側面——が、「統帥権の独立」を直接的には根拠としていないのではないかということ、むしろ内閣総理大臣に閣僚任免権を認めなかった日本の法体系こそ、問題にされるべきではないかということ、この二点についての展望を述べた。

4　大本営設置
――昭和時代――

本節では、浜口内閣の下でのロンドン軍縮会議、広田内閣の下での二・二六事件後の粛軍、近衛内閣の下での大本営設置という三点にわたって、統帥権を考察したい。一九二九（昭和四）年一一月、ロンドン軍縮会議全権である財部海軍大臣の離日にともない、浜口首相が臨時海軍大臣事務管理に就いた。原内閣時代に続いて二度目の文官による事務管理であった。原首相の時、陸軍から一札とられていたことについては前述の通りであるが、浜口首相は、陸軍への一札を否定するような声明、すなわち陸軍大臣についてもまた文官の事務管理を原則的に承認するという重大な声明を行なった。以下、その経緯をみてみよう。三〇年五月二日第五八議会衆議院予算総会において、山崎達之輔は「陸海軍大臣武官制を廃止する意図はないか。将来陸軍大臣故障の場合の事務管理設置についてはどうか」、「内閣官制第九条の規定（条文は、「各省大臣故障あるときは他の大臣臨時命を承け其の事務を代理すべし」というもの）は、陸軍大臣に関しても適用さるべきものなりや」との質問を行なった。

いうまでもなく、山崎の意図は、陸軍大臣には文官の事務代理をおくことはないとの、原内閣当時の一札を反古にするかどうかを、間接的に第九条を盾として質すところにあった。これに対して政府は、「内閣官制第九条の規定は、陸軍大臣に付いても適用する場合あるべし。ただしこれが適用は時の事情により決すべきものとす」との宇垣陸軍大臣の書面回答を（宇垣は当時病気療養中）披露した。さらに、「首相は内閣官制第九条につき、陸相が書面を以て答弁されたと同様の解釈を有するか」という山崎の質問に、浜口首相は「同様の考えを有している」と答弁した。

これらの経緯からは、軍部大臣武官制へ挑む浜口首相の積極姿勢が窺われ、それは原内閣の態度を一歩進めたものであると評価できる。ロンドン軍縮会議をめぐって浜口首相が、海軍軍令部といかに軋轢を深めたか、枢密院・政友会の連合が「統帥権干犯問題」をどのように倒閣という政治的課題としていったかについては、ここで改めて触れない。ただ、浜口首相が、総理大臣のみならず、臨時海軍大臣事務管理という「強い」立場にいた上で、海軍軍令部に臨んでいたのだということは注目されてよい。

第二に、二・二六事件後の粛軍において特筆すべきことは、従来、参謀本部、教育総監部、陸軍省に三分されていた人事権を陸軍大臣（海軍の場合一貫して、人事権は海軍大臣にあった）の下に集中したことである。これについては、この改革が表面上の所作にとどまるものに過ぎず、実際は従来通りであったという軍人の指摘もあるが(8)、後に述べる昭和の大本営設置の際、参謀本部が人事権獲得にかなり固執していることを考え合わせると、事件後、人事権が陸軍省に集中される傾向にあったことは確かであろう。二・二六事件後の粛軍ということでは、これを口実として、軍部大臣現役武官制の復活をみたことも、看過されるべきではない。広田内閣の時である。この「悪制度」についていては、軍部の横暴として評判が悪いが、当面の筆者の関心からすれば、本官制が、「統帥権の独立」＝参謀本部の暴走とは別物であるということのみ述べておく。

それにもまして注目すべきは、東京裁判で大きく扱われた、〈帝国外交方針〉、〈国策の基準〉がこの内閣の下で策定されたことである。この策定にあたったのは、前者の場合が首、外、陸、海、四相で、後者の場合が首、外、陸、海、蔵、五相であった。最終決定の場が、国務大臣の集合体である四相会議、あるいは五相会議にあったことは重要である。〈国策の基準〉とほぼ同様な性格（内容が同じという意味ではない）を有する、一九〇七年の〈帝国国防方針〉の策定にあたったのが、参謀総長・海軍軍令部長といった純粋に統帥部の人間であったということを想起すれば、その重要性に思い至ることはやさしい。明治と昭和とで統帥権の持ちえた権限を比較する際に、このことは有力なヒントとなりうる問題だと思われる。端的にいえば、広田内閣の下での〈国策の基準〉決定過程の方が、明治憲法の求めるところに忠実であり、統帥部の関与の度合を減少させているのである。

第三に、日中戦争に対応するために設置された大本営の意義について、いささか詳しく述べてみたい。日清・日露の両戦争の場合をみれば了解される通り、大本営は戦時における統帥機関の最高の形態であった(9)。そうであるならば、一九三七年に設置された大本営の性格を吟味すれば、一八七八年に成立した統帥機関の持つ力が、昭和に至ってどのように変質したかが理解されるはずである(10)。

日中戦争勃発とともに、参謀本部・軍令部では、戦時統帥の最高機関である大本営の設置を企図していた。作戦命令の現地軍への徹底を期するため、広域にわたる海上封鎖の必要のため等々、大本営設置論の根拠としてもっともらしい理由が挙げられた。それに対して、陸軍省・海軍省は、「宣戦布告をせずに大本営設置することはできない」という、これももっともらしい理由で、統帥部による設置論に反対していた。

しかし、統帥部と、軍政機関である陸海軍省との、この大本営をめぐる応酬の根底にあったものは、大本営を設置すると統帥機関が決定的に優位に立つことになるのではないかという、軍政機関の側の懸念にあった。日露戦争時の戦時大本営条例第三条に、「参謀総長及軍令部長は各其幕僚に長として帷幄の機務に奉仕し、作戦を参画し終局の目的に稽へ陸海両軍の策応協同を図るを任とす」との規定があるように、戦時では参謀総長・軍令部長が大本営の中心になってしまう。それに対し、陸海軍大臣の規定は、大本営編制上、大本営陸海軍諸機関の一つとして挙げられているにすぎない。また、日露戦時の「大本営設置覚書」によると、大本営会議に列するもののなかに、陸海軍大臣の名は含まれていないのである。

一方、日中戦争は、軍部に対し、総力戦体制の確立を喫緊の課題として要求していた。第一次大戦時の英仏の戦時内閣の例を引くまでもなく、軍事と政治が緊密に協調せねばならぬ状況である。このような時にあたって、「統帥権の独立」に守られ、軍政機関の権限をできうる限り排除したかたちの大本営ができることに対して、異議が起こらぬはずはない。

異議中立てを行なったのは、陸軍省軍務局と近衛首相である。軍務局とは、軍事課（予算を管掌）と軍務課（国防政策を管掌）とから成り、いわば、省内で最も政治的な部門である。参謀本部による大本営設置案への、省側の対案作りを行なったのは、軍務局の佐藤賢了（軍務課国内班長）と稲田正純（軍事課高級課員）であった。起案にあたっての両者の意図は、次のような、佐藤の言葉に明瞭に示されている。

統帥権の独立は、武力戦万能時代の遺物であって、第一次大戦前までのことである。政戦両略（政治と戦略との密接な協力という意味——引用者注）は完全に一致しなければならない。完全な一致は、独立した統帥と政治とが平行線的関係ではできやしない。政治が統帥を支配するか、統帥が政治を支配するかしなければ得られるものではない。(11)

佐藤・稲田案の特徴は、第一に、大本営における、陸軍大臣の権限強化が図られていること、第二に、大本営と政府との間に、政戦両略を随時に図れるような協議体のような会報を行なうことを想定していること、第三に、大本営設置とともに内閣制度改革を断行して、五人ほどの大臣とその他の各省長官よりなる内閣を作らんとしていたことに、まとめられるだろう。

結局、参謀本部と陸軍省との、大本営設置論をめぐる対決は、軍務局案を引っ提げた陸軍省の優位のうちに幕を引く。そして、三七年一一月に設置された大本営の実態は、佐藤・稲田案の第一、第二の内容を大幅に盛り込んだものとなった。公示された大本営令の字句は、従来の戦時大本営条例と、さして変化のないものであったが、大本営内の各機関の権限規定を定めた、いくつかの内部諸規定に、佐藤・稲田案の趣旨が巧妙に盛り込まれていたのである（例えば、「大本営陸軍部執務要領」、「大本営動員下令伝達」、「幕僚会議開催の件通牒」、「大本営設置につき政戦連係に関する閣議申合せ」等）。

政府・大本営間の会報という第二の点についても、これは、政府大本営連絡会議というものに結実した。その際、連絡会議の幹事が、内閣書記官長、陸海軍省の両軍務局長であり、司会が内閣総理大臣であったことは、示唆に富むだろう。統帥部からは、一人の幹事も、司会も、出していないのである。戦後、連絡会議に出席した政治家・軍人が、統帥部の横暴ぶりを暴露したことも少なからずあったが、連絡会議の「機構」を冷静に眺めれば、それが必ずしも政府・軍政機関に不利なものであったとはいえないのではないか。

本節では、三つの政治的画期にそって、昭和戦前期の「統帥権の独立」の様相を考えてみた。以下、その要点をふりかえっておこう。

「統帥権干犯問題」が、憲法第一二条の編制大権（この大権は、第一一条の統帥大権とは異なり、内閣の輔弼を必要とする）の規定するところと、憲法以外の法規（たとえば、軍令部条例、参謀本部条例等）の規定するところとで、兵力量決定の主体についての解釈を異にしていたという、法体系の間隙をぬったかたちで発生したことは事実である。しかし、3において検討したことから明らかなように、政党内閣期の成果をふまえて、浜口内閣は軍部大臣「武官」制改正の最終段階にいた。その意味で、当時浜口が臨時海軍大臣事務管理という、留守居とはいえ、実質上の海軍大臣の地位にいたということを強調してみた。結果的に「統帥権の独立」を後ろ盾としたやや強引な法解釈を軍令部は行なうが、それは、統帥部の暴走というよりもむしろ、「強い」政府の行なったやや性急な法解釈――しかも、この政府は海軍大臣のポストを握っている――に対抗するという側面として位置づけられるべきではないかと考えられる。

第二には、〈帝国外交方針〉、〈国策の基準〉の最終決定に、統帥部が関与していないということを指摘した。

第三には、戦時統帥の最高形態である大本営が、省側の軍務局の主導で、「政治が統帥を支配する」という意図の下で設置された様相を取り上げた。

5　おわりに

明治、大正、そして昭和という〈異胎の時代〉を、「統帥権」をめぐる政治的な諸様相という側面に留意しつつ、考察してみた。本章は、司馬氏の提言に対して、いくつかの反例を挙げてみたものであって、司馬氏に対し筆者独自の「理」を提示できたとは思われない。

戦争の時代を治めるものが、戦争指導を直接的に行なう統帥機関になりがちであることは、一面の真理であり、個々の作戦の遂行にあったって、主に現地統帥機関の暴走が起こりがちであることも、真理である。

しかし、もはや、二〇世紀の戦争は、作戦の集積にとどまるものではなくなっていた。昭和戦前期は、軍事的部門のみならず、政治的部門でも、権力の統合強化が図られる時期である。たとえばこの時期、しばしば官僚批判が政治的課題となり、文官身分保障令の撤廃がさかんに主張されるのだが、その根本にあった理由は、国務大臣や高級官僚の任免権を首相が、「実質的に」握ることができるようにすることにあった。憲法第五五条の要請する「国務大臣単独輔弼」という制度のために、首相が閣僚の任免権を文字通り握ることは、困難であるから、官僚の首を切りやすくすることを以て、首相の権限強化に役立てていたのである。

このような時代にあって、「統帥権」の法解釈を大きくすることが、同じ軍部の内にあってさえも、陸海軍省の反対を受けるようになる過程は、大本営設置を例にとり詳しく検討したところである。

そして、日本の陸軍の制度面での「本家」というべきドイツで、「国家の中の国家」といわれた参謀本部が、総統兼首相であるヒトラーに統帥権を移譲せざるをえなかったという事態（一九三五年五月二一日、国防軍法第三条）は、何にもまして示唆的である。

注

（1）一九八六年五、六、八月号に掲載、のちに司馬遼太郎『この国のかたち』一、文藝春秋、一九九〇年。

（2）憲法第三二条は、「本章に掲げたる条規は陸海軍の法令又は紀律に牴触せざるものに限り軍人に準行す」という内容であり、軍人が、臣民の権利義務の規定に必ずしも拘束されない点を保証している。また、敗戦まで、陸軍の高級指揮官のみに閲覧を許されていた要綱である『統帥綱領・統帥参考』財団法人偕行社発行、一九六二年、には、次のように説明されている。「統帥権の独立は、憲法の成文上に於いて明白ならざるが故に、屢屢問題となれり。然れども憲法制定前後を通ずる慣行と事実並憲法以外の付属法は叙上の憲法の精神を明徴し、統帥権独立の法的根拠は実にここに存す。憲法義解にも『兵馬の統一は至尊の大権にして、専ら帷幄の大令に属す』と述べ、事実に於いて参謀本部、軍事参議院の軍令機関は既に憲法制定以前に於いて、政治機関と相対立して存在し、憲法は其第七六条（法律、規則、命令又は何等の名称を用いたるに拘らず、此の憲法に矛盾せざる現行の法令は総て遵由の効力を有す）に於いて之を承認したるものなり」（八頁）。軍部が、既成事実と憲法外の付属法の存在に恃んでいる様が、如実に示されていよう。

（3）佐藤賢了『東条英機と太平洋戦争』文藝春秋、一九六〇年、八一～八二頁。

（4）大谷敬二郎『天皇の軍隊』図書出版社、一九七二年、二三四頁。

（5）大江志乃夫『日本の参謀本部』中央公論社、一九八五年、一二三頁。

（6）前掲、大谷『天皇の軍隊』、二四五頁。

（7）山崎丹照『内閣制度の研究』高山書院、一九四二年、二六〇頁。

（8）『西浦進氏談話速記録』日本近代史料研究会、一九六八年、一五〇頁。

（9）前掲『統帥綱領・統帥参考』三三頁。

(10) 以下の史料の出典は、主に『現代史資料 37 大本営』みすず書房、一九六七年である。

(11) 前掲、佐藤『東条英機と太平洋戦争』、八一〜八二頁。

第七章　反戦思想と徴兵忌避思想の系譜

1　はじめに

優れた小説というものは、主題が何であれ、国家と個人の関係についての深い洞察をともなっているものである。徴兵忌避者・浜田庄吉を描いた丸谷才一の『笹まくら』もその例外ではない。丸谷は「ぼくらはみな時代のなかで、自由でありたいと願っていた。しかし自由を獲得しようとすれば、たとえば逃げることで、さらに大きな不自由を引き受けねばならない」はずだと考え、そのような発想から、英雄でもあり卑怯者でもある存在としての忌避者の「叛逆と自由と遁走」について描いたのだという(1)。

国家が自己の正義を主張するためやむをえずとる非常手段が戦争であるとすれば、そのために国家は、兵士として国民を徴集し続けなければならない。しかし、カントがいうように「人を殺したり人に殺されたりする」ために一個の人間が国家に雇われることは、個人の人格における人間性の権利とおよそ調和しない側面も持つ。(2) ここに国家と個人の間の緊張関係の最たる事例として、徴兵忌避という問題がクローズアップされる理由がある。(3)

2　非戦と反戦

言葉の厳密な定義から入りたいわけではない。非戦と反戦という言葉がある種の語感によって区別されて使われている現状と理由を、まずは考えておきたいのである。たとえば、日露戦争開戦前の状況を説明する教科書的な記述を想起してみよう。すなわち「日本国内の一部では、キリスト教徒の内村鑑三や社会主義者の幸徳秋水・堺利彦らが、非戦論・反戦論をとなえ、国内世論も当初は戦争を好まなかったが、対露同志会などの運動で、しだいに開戦論にかたむいていった」と。

言葉の並んでいる順序から考えると、キリスト教徒などがその人道主義的立場から戦争を否認する場合非戦といい、社会主義者がその階級闘争的立場から戦争に反対する場合反戦という区別が含意されているもののようである。たとえば、徳富蘆花の一九〇六（明治三九）年一二月一〇日、旧制一高の弁論部集会での演説「勝利の悲哀」のなかの、「爾の武力を恃まずして爾の神を恃め」(4) という発想などからする戦争反対の思想は、一般的には非戦論と呼ばれる。一方、トルストイの「日露戦争論」を読んで、幸徳秋水が一九〇四（明治三七）年に書いた反論「トルストイ翁の非戦論を評す」(5)のように、戦争勃発の要因を資本主義制度に求め、資本制社会を顚覆し社会主義制度に変えることによって戦争を絶滅しようとの議論は、一般的には反戦論と呼ばれる。

しかし本章では、非戦も反戦も含めて反戦思想という言葉をひろい意味で使うこととする。人道的宗教的理由から戦争を否定する思想も、体制変革までをも含めたヴィジョンに立って戦争に反対する思想もともに反戦思想に包含したい。その理由は、戦争に異議を唱えるという点、またその異議の唱え方の有効性という点で、非戦と反戦の間に価値の上下をつけたくないからである。

そもそも非戦を積極的に反戦と区別する観点は、内村鑑三がかつての同志であった社会主義者たちの思想、すなわち「外側から過激な手段」によって達成する反戦思想と、自己の非戦思想を区別するために必要とした垣根だった。内村以外の論者自身、非戦と反戦を区別しないで用いており、実際、さきの幸徳秋水の論説でも、トルストイの議論も非戦論、自らの社会主義者の議論も同様に非戦論と称している。

3　良心的兵役拒否と徴兵忌避

これとほぼ同じ関係にあるのが、良心的兵役拒否と徴兵忌避という言葉の持つ語感の差だろう。まず、「良心的」と形容される事態は具体的には何なのか。良心的兵役拒否の原語は、conscientious objector であり、本来はクエーカー教徒など絶対に人を殺さないことを良心に基づく信条として保持している宗派に属する者が、戦争への参加を拒否する事態だけに用いられてきた。しかし、この言葉を世に知らしめた著作『良心的兵役拒否の思想』(6)の著者阿部知二によれば、良心的とは戦争を前にして身をかばったり「いたずらに生命を惜しむ卑怯な態度をとることはゆるされず、時としては戦闘員にまさるほど勇敢でなければならぬ、ということが原則的に、あるいは潜在的に約束されている」(7)ある種殉教的な精神が内在されている参戦拒否の形態だと定義されるという。

それに対して徴兵忌避といった場合、どうしても消極的退嬰的な語感がつきまとう。それはどうしてなのだろうか。やはり、日中戦争から太平洋戦争期になされた忌避の喚起するイメージが大きいのだろう。一九四〇(昭和一五)年の数字をとれば、もうこの頃には二〇歳の徴兵適齢に達した男子一〇人に七人強の割合で徴集されるようになっていた(8)。そのような時期にあっての忌避の仕方は、かつて日清戦争前に一般的であった戸籍の抜け道(後述)を使っての合法的な忌避というような、あっけらかんとしたものでは当然なかったはずである。

強固な意志で減量し、肉体を持続的に衰弱させる方法で召集解除になった者に文芸評論家の小田切秀雄がいる。自己の体験を語る小田切の語り方は無防備なほど率直である(9)。

ギリギリやせて四十キロほどになり衰弱してものうげなからだになった私は、徴兵検査場で〝第二乙種合格〟という判定になったとき、とにかく勝ったと思った(中略、召集されて入営するが)

十日ほどの猛烈な訓練で、痔が急にわるくなったので、いやがられるのに耐えて病気申し立てをつづけていたら、うまいぐあいに牛込の陸軍病院に送られ、手術を受けた。二週間でよくなるのでまずいと思い、なんとか病院にいて、部隊が戦地に行ってしまうまで戻らぬ算段をつけようと思い、薄氷を踏む危険な二つの方法をとることに賭けた。

この引用部分を読んで英雄的な行為だと感じる人もいるだろうし、また一方では卑怯だと感じる人もいると思われる。もっと意地悪く読めば、小田切が故意に病気を悪化させている間に戦地に行った部隊はどうなったのかという問いも胸に浮かんでこよう。とにかく徴兵忌避という言葉には、このようなわりきれない感情がついてまわる。

しかし本章では、非戦思想の具象化したものを良心的兵役拒否とし、「いたずらに生命を惜しむ」気持ちで遁走や詐病をなす行為を徴兵忌避というようには区別しては捉えないこととする。さきに非戦と反戦をともに反戦思想に包含したように、クエーカー教徒などの狭い意味での良心的兵役拒否から詐病による忌避まで、すべて徴兵忌避という言葉で包含したい。意味をひろくとるのは、これまで比較的研究のなされてきた非戦・良心的兵役拒否という思想の組み合わせだけでは、日本における平和思想や反戦思想の流れを十分につかむことができないと考えるからである。

4　本章の視角

この点につき、鶴見俊輔のいうところが参考になる。(10) 田中正造、木下尚江、石川三四郎、北村透谷、内村鑑三、柏木義円といった人々の思想の系譜と別に、日本人にとって反戦思想というものは昔からあったのではないかと鶴見は問いかける。つまりこれまで反戦を論じる時は、先述したような少数の先覚者の名前を列挙し、それ以外については、良心的兵役拒否の伝統が欧米にはあったのだが日本にはそれが欠如していた、との嘆きのトーンですましてきた。

鶴見はそういった欠如理論から日本の徴兵忌避の伝統をみていくのをやめ、たとえば「昔からあった伝統の中に、国家や政府を疑う権利を持つ」という発想が日本固有の文化のなかにあったことを思い出したり、また「ウソをついてでも避けようという」苦闘を、徴兵忌避をする際の最も強い態度の一つとして捉えなおすことにこそ意味があると述べている。(11) 当面ここで鶴見から学びたいのは、伝統のなかから生ずる思想の萌芽を注意深く取り上げていく姿勢である。これを第一の視角としたい。幕末から明治初年にかけての人々の兵役についての意識の変遷を述べる部分でそれが生かされるであろう。

さて第二の視角としては、総力戦の特質を分析することによって「日本が戦争をする資格のない国」であることを淡々と説明するような、合理的な説得の形式を持った反戦思想が、第一次世界大戦を契機に生まれてくることに注目したい。合理的な説得の形式というのは、日本近代史の中で常に阻礙されてきた形式のようにみえる。しかし、たとえば一九四四（昭和一九）年一月という時点でも、大政翼賛会の国民運動局戦時生活部長が「二月の常会徹底事項説明資料」(12)として次のような資料を配布し、常会の場で世話役たちにこのような説明をさせていたと知れば、随分印象も変わるのではないだろうか。

◎戦争は莫大な消耗戦　大東亜戦争はその戦線実に一万五千キロに及び（日露戦争は二千三百キロ）世界戦史にかつて見ぬ程の広い戦域で闘はれてゐます。一体近代戦ではどの位の兵器が必要かと申しますと、ある外国の学者の推計では、一千キロの戦線で一ヶ年継続して敵を攻撃するには、先ず機銃が二十万挺、歩兵砲一万六千門（中略）。また飛行機は、偵察機一万六千機、観測機三万機、戦闘機三万六千機、爆撃機六万五千機がなくてはならぬとされています（後略）。
◎外米の輸入をやめれば　かりに外米を千二百万石輸入するとすれば、これに要する船は五千トンの船で約四百隻ですから、この輸入をやめて、その代りにアルミニュームの原料であるボーキサイトを運べば、飛行機約八万台の原料が運ばれることになります。

実に目障りなまでに数字を列挙して、国民の食糧への渇望や不満を戦意発揚に転化させようとしている。実際の常会の場でいかなる説明がなされたのかは定かではない。だが戦争の最終盤の時期にあって、このような説得・説明の方法が有効であると国家が考えていたことだけはわかる。これを逆に考えれば、第一次世界大戦後の平和思想も、日本の場合、ロジカルなもの、少なくとも合理の衣を表面にはまとったものが流行ったのではないかと想像させる。事実、水野広徳や吉野作造などの論説は、平和や反戦の展望を語るよりは合理的につめていって、戦争は経済的見地からも社会的見地からも犠牲の上からも不合理だとの結論、また平和思想は長期的に激烈に戦われた総力戦の後に必然的にやってくるものだとの結論を、それぞれ無理なく導いている。このような特徴を持った反戦思想に光をあてることを第二の視角とする。

5 はじまりの段階

一八七三（明治六）年一月一〇日の最初の徴兵令にともなう混乱が、米価騰貴とあいまって、福井、三重、岡山、鳥取などで起きたこの年半ばの新政反対一揆（血税一揆）となったことはよく知られている。前年一一月二八日に発布された徴兵告諭のなかの「血税」という字句が誤解されたことも本当だったが、それだけではない。一揆に打ってでた民衆意識について牧原憲夫氏は、これまでの封建の世であれば兵士にとられもせず、君主も仁政を心がけてくれていたのに、明治政府のやることはなんたることだという、民衆の後ろ向きの怒り＝「客分意識」から説明している(13)。

民衆の当惑と怒りは、今日の観点からは途方もなくみえる噂も生じさせる。山梨県の例をとれば

「徴兵の事あるに方り訛言あり。其喩達に曰、処女を選み兵隊に組入られ、或は女の膏をとり外国に遣はさる、等昨今頻に流言し、是が為俄に婚姻を結び或は他方に身を隠す等間々狼狽の所業有之趣[14]」といった事態が広がっていた。権令藤村紫朗は、人民保護のための政府が膏を絞るというような苛酷なことをするはずがないではないかと説明にこれ努めている。現在でもそれほど一般的ではない、女性と兵士の二つを直結させた流言となっているところに、命をかけて国を衛るという発想が当時の民衆にとっていかに唐突なものだったかがおしはかられよう。

実際、徴兵令導入後の一、二年は明治政府にとって危険な年だった。佐賀の乱の鎮定にあたっては徴兵による兵隊では間に合わず士族召集兵によって鎮台兵の不足を満たさざるをえなかったし、日清間に戦争の緊張も走った台湾出兵の年の一八七四（明治七）年には、民衆はいっそう徴集されることを怖がり忌避熱も強まった[15]。よって、苦労して徴兵制の軍隊を作るのではなく「士族を兵隊に！」活用すべきだとの議論[16]は、かなり説得力を持っていた。忌避熱が徴兵忌避思想にまで発展しなかったのは、一つには当時の民権家たちが民衆の忌避熱に冷淡であり、民衆の意向を運動としてくみあげる精神を持っていなかったことがあげられる。民権家にとって兵役は、国民の義務であると同時に「国家ト憂楽ヲ共ニスル気象」の最も明快な発現であると考えられていたからである[17]。

この時点での徴兵忌避は、戦争に反対するという考え方とは無縁なところから発生しており、前時代からの伝統的観念、つまり社会の構成員が職能によって国家社会の役に立つべきだとの四民（士農工商）観からくる、当然の反発として現れたものといえるだろう。年貢と百姓役を納めていればすんだ百姓が、どうして国家の安寧を維持するための軍役＝武士の役まで負担しなければならないのか、このような考えから、煩悶もなく徴兵令の免役条項を利用した忌避がさかんに行なわれた。

6 日清・日露戦争による変化

しかし、国家の安寧維持＝国防に対する民衆の冷淡な感情は、帝国主義列強の脅威という現実の前にしだいに変化を遂げざるをえなくなってくる。福澤諭吉は『文明論之概略』のなかですでに「独立を保つの法は文明の外に求む可らず。今の日本国人を文明に進るは此国の独立を保たんがためのみ。故に、国の独立は目的なり」と述べていた。そして、政党や有識者の対外認識も「民族の独立の確保は、清・韓国に対する我が国の覇権的地位の確保と同義である」との観点に立ったものだった。よって日清戦争は、韓国の独立を擁護するための義戦、我が国の独立を守るための自衛戦争、「開化と保守の戦争」だということで自然に受けとめられていった(18)。

反戦論が本格的に論じられ始めるのは、日清戦争の後日露戦争の前からである。幸徳秋水は、国民がいかに痛苦を忘れやすいものかについて乾いたトーンで演説している(19)。

日本人は日清戦争に苦しい経験をしたことをモウ忘れて終つた様だが、アノ戦争はどういふものであつたかといふに、朝鮮の独立を扶け、支那の暴を懲らすといふのが目的で、所謂仁義の戦争で、世の人の嘆美した所であつた。然し矢張り理屈の上からいへば斯る立派な戦争であつたにも拘はらず幾多の兵士は其犠牲に供せられ若い労働者の子、百姓の子は殺された。前途有望な身を以て国家の為めに其楽しい生涯を棄て、しまつた。（中略）日本の国家は重大なる損害を蒙つたのである。

日清戦争の損害ということでいえば、軍人軍属の戦死戦病死者の合計は一万三四八八人[20]に達し、臨時軍事費も二億円を超えていた。さてこの演説の後の一九〇三（明治三六）年一〇月、よく知られるように、開戦論の立場をとった『萬朝報』から、内村鑑三、幸徳秋水、堺利彦が「朝報退社に際し涙香兄に贈りし覚書」をしたためて退社する事件に発展する。

このように秋水は、社会主義者の立場からの反戦論がどのようなものか思索を深めていった。さきに触れたように、トルストイの「日露戦争論」に対する反論として書かれた「トルストイ翁の非戦論を評す」[21]は、人々が宗教心を喪失したために戦争は起こると述べたトルストイに対して失望をあらわにして、「列国経済的競争の劇甚」なるがために戦争は起こる、戦争を根絶するためには資本家制度を顛覆して社会主義制度に変えるしかないとの展望を示している。[22]ただここで注目すべきことは、秋水がトルストイの述べたような「民衆は兵役を拒否し租税を払うなかれ」との立場を認めていないことである。「吾人は兵役の罪悪を認め、租税の苦痛を感ずるも、而も是れ吾人国民が組織せる制度の不良なるが為めに来る者也」といい、だからこそ、国家組織社会制度の改革によらなければならないと考えていた。

日清戦争の悲惨さを訴え日露戦争に反対した秋水の議論は、官憲の弾圧はもちろんのこと思想界のレベルでもさまざまな挑戦を受けざるをえなかった。吉野作造は「征露の目的」という論文で「吾人は露国の領土拡張それ自身には反対すべき理由なく、只其領土拡張の政策は常に必ず尤も非文明的なる外国貿易の排斥を伴ふが故に、猛然として自衛の権利を対抗せざるべからざる也」と述べている。ロシアは文明の敵であるから、ロシアが負けて日本が勝てばロシア国内における自由民権の勢力を増すことになるので、自分はロシア人民の安福のために切に露国の敗北を祈るとまで論じ、戦争の必然を、文明＝通商自由という観点から支持したのである。[23]

さて、この頃の徴兵忌避はどのような方法でなされていたのだろうか。徴兵令の免役条項自体の抜け穴は、一八八九（明治二二）年一月二二日の改正で法文上はなくなっている。不具廃疾以外の免役は認められなくなったのである。その変種として登場したのが六週間現役兵制だった。[24]この制度が、活用するつもりになれば徴兵忌避の一側面をもつことを最初に論じたのは、菊池邦作の『徴兵忌避の研究』[25]だった。一七歳から二六歳以下、官立府県立師範学校の卒業生で官公立の小学校の教職にある者は、官費で六週間の入営訓練を受ければその後は実質上召集されることはないとの制度である。日露戦争前の頃の通常の兵役義務としては、陸軍の場合、現役三年、予備役四年四ヵ月、後備役五年、合計一二年四ヵ月であったことを考えれば、六週間の短さがよくわかる。たしかに小学校教員を志望する者にとっては、理由として無視できない動因の一つであったろう。この制度は一九一八（大正七）年三月三〇日の改正で、六週間を一年に延長した一個年現役兵制となった。

7　総力戦の後で

さて、第一次世界大戦は日本に実質的な損害をもたらさなかったとはいえ、その一〇年ほど前に戦われた日露戦争は、戦費総額一八億二六二九万円（うち内国債六億七二〇〇万円、外債八億円）の損害をもたらしていた。その額の大きさは、たとえば一九〇三（明治三六）年の一般会計歳出が約二億五〇〇〇万円だったことからもおしはかられるだろう。日清日露間の軍拡がいかに巨大なものだったかは、日清戦争前の一〇年間の国家予算（一般会計）に占める軍事費の割合が平均約二七％で、日露戦争前の一〇年間のそれが三九％だったことでも知られる(26)。

このような二つの戦争を一〇年おきにやってきた国であったから、第一次世界大戦の「すさまじさ」は、この極東の地にも特別な実感をもって伝わったと思われる。「すさまじさ」を数で表現するとおよそ次のようになる。一九一七年のイープル（フランス国境に面したベルギーの都市。激戦地の一つ）における三回目の戦闘においては、準備砲撃に一八日間を要し、その間の砲弾数は四二八万三〇〇〇発、その総重量は一〇万七〇〇〇トンにのぼった。これによって連合軍は一一五平方キロの土地を奪い返すことができたが、そのためには一平方キロあたりの死傷者八二二二人の犠牲が払われた(27)。

この時期、反戦思想を積極的に展開していたのは、水野広徳、吉野作造の二人である。水野の立場を、『無産階級と国防問題』と題された一九二九（昭和四）年の著作によって見ていこう。水野は現代における国家の安全は何かと問う。領土的な安全がめったな理由で脅かされることがもはやないならば、国家の不安材料としては経済的不安があるのみであり、外国との通商関係の維持が国家の生命ということになるだろう。そしてそれは、他国に対して「国際的非理不法」を行なわなければ保障されるものである。現代の戦争は持久的経済戦となるが、物資の貧弱、技術の低劣、主要輸出品目が生活必需品でない点で日本は致命的な弱点を負っているので、武力戦には勝てても持久的経済戦には勝てない、ということは日本には戦争をする資格がない、と畳みかける(28)。

斯くの如く戦争が機械化し、工業化し、経済力化したる現代に於ては、軍需原料の大部分を外国に仰ぐが如き他力本願の国防は、恰も外国の傭兵に依つて国を守ると同様、戦争国家としては致命的弱点を有せるものである。極端に評すれば斯くの如き国は独力戦争を為すの資格を欠けるもので、平時に如何に盛んに海陸の軍備を張るとも、畢竟是れ砂上の楼閣にすぎないのである。

日本が経済的に致命的弱点を負っていることを素直に受け入れれば、英米に対する軍備は無意味となるし、非理不法をこちらが行なわなければ通商関係の安全は確保されるではないか、という論法であった。

一方吉野作造は平和の大事さを語るというよりも、第一次世界大戦の戦争の性格そのものに内在する原因から、国家間の協同した状態、すなわち平和がくるという発想で論じていた(29)。

帝国主義的文明の波状たる今度の戦争は軍事行動を共にすると云ふ其の事自身に於て大いに共働の精神を発揮し、之が戦前に於ける世界人類の良心の煩悶に適応して此処に戦の結果としては、どうしても国際主義が現はれざるを得ざる事になつた。

長期的に多数の国が連合して戦うことは、たとえば戦争目的を単一の抽象化されたものに変えるような結果をもたらす。そこで得られた連合の精神は、いったん平和になれば、平和に向けた国際主義の精神として発揮されるはずだ、という論である。犠牲者の膨大な数から平和の尊さが自然に体得されるような場にいなかった日本にあっては、このような説得の仕方はかなり有効な説明だったのではないだろうか。

さらに、戦争が総力戦の様相を呈すれば呈するほど国家が国民に強いる犠牲も大きくなるので、国家は国民の自発的協力を喚起するために、国民の政治参加をさまざまなかたちで認めざるをえなくなる。戦争か平和かということで、国民の意思が反映されやすくなるような政治形態は、平和をより招来しやすくなるという発想も生まれる(30)。

戦争も軍人と金持の力に之れ拠るの間は先づ楽なものだ。やがては金力と武力とでは間に合はなくなる。是に於て所謂国民総動員と云ふ現象が文字通りに仮借する所なく推し上つて来る。斯うなると戦争は最早や軍人の仕事でもなければ金持の仕事でもない。否少くとも此等の人の仕事たるよりは多くの意味に於て一般国民の仕事である。（中略）是に於て当局者は先に軍人と金持とに頭を下げた如く、今度はまた労働者の前に膝を屈しなければならない。

水野広徳の発想――「非理不法」をこちらから行なわない、そうすれば国家の安全＝経済的安全は保障される――と、吉野作造の発想――総力戦それ自体が、外には国際主義を内には国民の政治参加の増大をもたらさざるをえない――とは、ともに明るい展望を合理的な説得の形式をもって同時代人に与える反戦思想であったといえるだろう。

吉野の議論で同時に注目すべきなのは、日本社会に根強くみられる徴兵忌避を容認する気風を排除すべきだとの論もさかんに主張していることである。欧州諸国の例をひきながら、西洋では兵役は国民の義務という意識的観念がもともと強いうえに、国家の方でも精神上物質上できるだけの便宜を兵役終了者（フランスでは兵役の義務を終えたものでなければ国会議員の被選挙権がないなど）に与えて、兵士となるべき個々の人々の感情を尊重していることを紹介し、日本の軍部も、国民が兵士になったばかりに失業したり、生業や学業に支障をきたすような制度や仕組みを積極的に改善すべきだ、「須らく実業社会と協定」しなければならないと提言していた(31)。

吉野が憤懣やるかたない口調で論じているのは、日本の兵役制度が貴族富豪の子弟の事実上の兵役拒否を黙認している点であった（三二歳まで海外にある者は服役を命じない条項があった）。国民の先達たるべき上流階級の態度を放任しておくのは「不埒千万」であると吉野は怒る。吉野の義憤に陸軍が反応したわけではないだろうが、一九一八（大正七）年三月三〇日の改正で、外国に在る者の滞留中の猶予は二〇歳前から外国に在る者に限ることとし、合法的に忌避するための外国行きに歯止めをかけた。またこの改正では、中等学校（現在からいえば旧制）またはそれ以上の学校に在籍する学生の猶予制（それまでは満二八歳まで徴兵検査自体も猶予）を全廃した。従来は検査自体を猶予していたが、とにかく満二〇歳の適齢に達した者は全員検査を受け、合格者に対しては卒業まではその学校のレベルに応じた年限だけ入営を延期する措置である徴集猶予に変えたのである。[32]

このように陸軍当局が徴兵令（一九二七年から兵役法）改正によって、外国留学の者、在学中の者に対する規制をしだいに強めていったために、徴兵忌避者及びその疑いのある者の数は、一九一二（大正元）年では四〇四七名を数えていたものの、一九三二（昭和七）年には四五九名に激減している。[33] 忌避の場面が、逃亡か徴兵検査場での詐病に限られてゆく時代が到来したということである。[34] 個人の奮闘以外のところで、国家と個人の間の緊張を合理的な説得の形式をもってひろく支えるに足る反戦思想は、水野や吉野の後にはなかなか見いだすことができない。

注

（1）山村基毅『戦争拒否――一一人の日本人』晶文社、一九八七年、一三七頁。

（2）カント、宇都宮芳明訳『永遠平和のために』岩波文庫、一九八五年、一六～一七頁。

（3）徴兵忌避とは、一八七三（明治六）年に初めて制定された徴兵令において定められた、受検・抽籤の上で満二〇歳の壮丁が果たすべき三ヵ年間の常備兵役義務を、不当な理由によって免れる行為を意味している。各時代の徴集率の変遷などについて、参照、吉田裕「日本の軍隊」、『岩波講座日本通史』第一七巻、岩波書店、一九九四年。また、菊池邦作『徴兵忌避の研究』立風書房、一九七七年は、徴兵忌避に関する実に貴重な統計、事例、資料を数多く載せている。

（4）徳冨健次郎『謀叛論』岩波文庫、一九七六年、三七頁。

（5）幸徳秋水「トルストイ翁の非戦論を評す」、『週刊平民新聞』（一九〇四年八月一四日号）、林茂・西田長寿編『平民新聞論説集』岩波文庫、一九六一年、三三～三六頁。

（6）阿部知二『良心的兵役拒否の思想』岩波新書、一九六九年。

（7）同前書、九頁。

（8）拙著『徴兵制と近代日本　1868–1945』吉川弘文館、一九九六年、一二三頁。

（9）「特別企画　日本人の兵役拒否と抵抗の体験」、『潮』（一九七二年九月号）、一五四頁。

（10）鶴見俊輔「兵役拒否と日本人」、『潮』（一九七二年九月号）、一一四頁。

（11）同前論文、一二五頁。

（12）「一月の常会徹底事項説明資料」、「大政翼賛会ニ於ケル通牒綴　総務課」（三A／一三―九／二四二、国立公文書館所蔵）所収。

（13）牧原憲夫『客分と国民のあいだ――近代民衆の政治意識』吉川弘文館、一九九八年。

（14）『山梨県史　資料14　近現代1・政治行政1』山梨県、一九九六年、一六〇頁。一八七三年三

月一一日の喩達。片仮名は平仮名に改め、適宜句読点を付した。
(15) この頃の徴兵令の免役条項は次のようなものだった。①身長五尺一寸未満者、不具廃疾者、②官吏、医科学生、陸海軍生徒、官公立学校生徒、外国留学者、③「一家ノ主人タル者」、嗣子、承祖の孫、独子独孫、養子、④「徒」以上の罪科者、などであった。また代人料二七〇円を上納した者は、常備・後備免役になった。また、徴兵忌避者への罰則規定がどのような変遷をたどったのか、ここであらましを述べておきたい。一八七九（明治一二）年の改正徴兵令では、忌避への処罰は常律で裁かれると規定（第七章第六六条）し、さらに徴集を忌避する者・届出を怠った者については「翌年廻ノ者ニ先タチ入営セシムヘシ」（同第六七条）とあり、懲罰的な徴集が初めてみられるようになる。一八八三（明治一六）年の改正において、これ以降の基本方針が確定したとみられる。(i)懲罰的な徴集（第六章第四一条）、(ii)必要な届出を出さない者や一定の時間に参集しない者についての罰金（三円以上三〇円以下、同第四三条）、(iii)詐偽によって徴兵を忌避した者については重禁錮と罰金（一月以上一年以下の重禁錮と三円以上三〇円以下の罰金、同第四四条）という三重のおさえによって、忌避をなくす手立てとしていた。
太平洋戦争前の基本的な兵役法であった一九二七（昭和二）年制定の兵役法では、逃亡や詐偽の行為による忌避は三年以下の懲役（第六章第七四条）、入営期日に遅れ一〇日を過ぎた場合は六月以下の禁錮（戦時では五日を過ぎた時に一年以下の禁錮、同第七五条）、徴兵検査を受けなかった者は一〇〇円以下の罰金（同第七六条）と規定されている。参照、前掲『徴兵制と近代日本　1868-1945』一〇二～一〇三頁。
(16) 牧原憲夫『明治七年の大論争』日本経済評論社、一九九〇年。
(17) 同前書、六一頁。
(18) 岡義武「日清戦争と当時における対外意識」、『岡義武著作集』第六巻、岩波書店、一九九二年、一六六頁。
(19) 幸徳秋水「非開戦論」、『幸徳秋水全集』第四巻、日本図書センター、一九八二年、四一五頁。一九〇三年六月一八日の社会主義協会演説会における演説筆記。
(20) 大江志乃夫『東アジア史としての日清戦争』立風書房、一九九八年、五一二頁。
(21) トルストイの反戦論の深い理解については、バーリン、河合秀和訳『ハリネズミと狐——「戦争と平和」の歴史哲学』岩波文庫、一九九七年。
(22) 前掲「トルストイ翁の非戦論を評す」。
(23) 『吉野作造選集』第五巻、岩波書店、一九九五年、八頁。『新人』(一九〇四年三月号)に掲載されたもの。
(24) 前掲『徴兵制と近代日本 1868–1945』四六〜四八頁。
(25) 前掲『徴兵忌避の研究』。
(26) 戦争の惨禍については、山田朗『軍備拡張の近代史』吉川弘文館、一九九七年。大江志乃夫『日露戦争と日本軍隊』立風書房、一九八七年。『岡義武著作集』第二巻、岩波書店、一九九二年。三谷太一郎『近代日本の戦争と政治』岩波書店、一九九七年、などを参照。
(27) ロジェ・カイヨワ、秋枝茂夫訳『戦争論』法政大学出版局、一九七四年、一九〇頁。
(28) 水野広徳『無産階級と国防問題』クララ社、一九二九年、六三頁。
(29) 吉野作造「戦争の基督教に及ぼせる影響」、『吉野作造選集』第一巻、岩波書店、一九九五年、一七四頁。『新人』(一九一九年七月号)に掲載されたもの。
(30) 吉野作造「国家生活の一新」、同前書、二〇六頁。『中央公論』(一九二〇年一月号)に掲載されたもの。
(31) 吉野作造「国家中心主義個人中心主義」同前書、一五一〜一五四頁。『中央公論』(一九一六年九月号）に掲載されたもの。
（32）前掲『徴兵制と近代日本　1868-1945』一六三～一六五頁。
（33）陸軍省『明治四十一年以降徴兵検査諸統計図表』一九三四年四月。
（34）陸軍省が毎年まとめていた『徴兵事務摘要』という文書では、「徴兵シ得ザル人員」の事由別の一覧を載せているが、そのなかで常に一位か二位の多数を占めていたのは、「外国在留」を理由とする者であった。一九二二（大正一一）年の統計では、三万六八五六名に達している。そのなかには、本文で触れたような貴族や富裕者の子弟による外国留学もあったが、海外移民によるものも多かった。忌避と移民の微妙な関係については、本章で全く言及することができなかった。以下を参照されたい。木村健二「徴兵忌避と軍資金献納」、移民研究会編『戦争と日本人移民』東洋書林、一九九七年、所収。粂井輝子『外国人をめぐる社会史　近代アメリカと日本人移民』雄山閣、一九九五年。

第八章　徴兵制と大学

1　学徒出陣組のなかでの不協和音

ある教授がふともらした次のような言葉は、近代日本の兵制に興味を持っていた私の記憶に深く刻まれた。

――一九六八（昭和四三）年から六九年にかけての東大紛争の際、各学部の教授グループが紛争を受けとめきれなかった理由の一つとして、その教授たちの若い頃の軍隊経験の差からくる「しこり」があったのではないか。同じ学徒出陣組でも、陸軍少尉として敗戦を迎えた人と一等兵で迎えた人では、その経験した内容に決定的な差があり、同世代という同輩意識は稀少なのではなかろうか――。

たしかにこの亀裂は深いと思われる。普通の徴集兵や召集兵、はては飛行予科練習生などの志願兵と、学徒出陣組との差異や対立については注目されがちであるが、実は学徒組のなかでの対立や亀裂も同様に深いものがあったと気づかされる。学徒組にだけ与えられていた特権をいかんなく行使した人間とあえて拒絶した人間の間には、大きな溝があったろう。よって、まず特権の大きさがいかなるものであったのかを考えてみたい。

職業として選択したわけではない軍隊のなかで、少しでも苦痛を減ずるためには、上の階級になってしまうに限る。このような特権的な道が、陸軍でいえば幹部候補生制度（以下、幹候と略す）、海軍でいえば予備学生制度によって、前者は中等学校以上の卒業生、後者は専門学校・高等学校・大学予科・大学以上の学生にひらかれていた。彼らは一定の教育を終えれば、予備少尉に任官できたのである。

このような資格を欠く大部分の青年は徴兵検査を経て、たとえば歩兵になって軍隊で年功を積んでも、二等兵、一等兵、上等兵、兵長でとまる。その上には、伍長、軍曹、曹長という下士官の階級がある。そして、その上にはまだ特務曹長という準士官の階級がある。将校である少尉は準士官の上なので、一等兵からすれば実に七つ上の階級となる。海軍でも同様に、二等水兵、一等水兵、上等水兵、水兵長ときて、下士官である二等兵曹、一等兵曹、上等兵曹、準士官である兵曹長、この上に少尉がくる。

元来バイパスルートを持たない大部分の青年たちと、大学生という学歴があるばかりに特典の許されたごく少数の青年たちの間には、軍隊の階級でいえば七、八階層の差があったのである。しかし、軍の要請する学歴を欠いた青年たちは、資格の点で欠けているのであるから制度に憎悪をぶつければよく、本人の意志が問われない分、精神的な葛藤は少なかったであろう。

むしろ、幹候や予備学生になる資格を持ちながらあえて幹候を志願しなかったとか、あえて予備学生の試験を受けなかったなど、本人の意志で特権を捨てた者は、何の疑問もなく筆記試験を突破して幹候や予備学生になってゆく友人たちの姿を、遠いものとして見たのではなかったか。また、ずっと多く見られたケースとしては、軍人勅諭や操典類の暗記を必要とした幹候の試験に合格しなかった場合があったろう。この試験では「勅諭、忠節の項を謹記せよ」「軍紀とは何ぞや」(2)とか、「マーシャル群島の島の名前を三つ書け」(3)などといった問題が実際に出されていた。

陸軍の場合、中等学校以上の学校に在学しており、教練の合格証があれば、入隊後に幹候を志願できた。一九四三(昭和一八)年一二月の学徒出陣組の場合、候補生に志願し筆記試験に合格すれば、三ヵ月後の一九四四年三月に幹候(甲種)となり、同年末に教育を完了して見習士官に任官し、のちに予備役少尉になった。

東大では大学としての教練の合格証をすぐに与えたというから、(4)一等兵のまま終戦を迎えたというのは、幹候を志願しなかった場合、あるいは幹候を志願したけれども筆記試験に落ちた場合など、本人のみぞ知る内実があったものと思われる。ただここで大急ぎでつけ加えなければならないのは、一九四四年一二月一日に横須賀の海兵団に、三一歳という年齢で召集された林健太郎のような例もあるということである。林の場合などは年齢的に幹候や予備学生制度の埒外にあるので、予備将校となる資格がなかった。さて、幹候の資格があっても合格がそう簡単なものでなかったことは前述の問題例からも察せられようが、早稲田大学政経学部在学中の一九四一年一月入営し、一九四五年二月に戦死した福中五郎の書翰でも確認しておこう。(5)

隊には初年兵五十三名中幹候の有資格者が二十一名もいます（中略）。二十一名の有資格者中約十名ほどは、入隊前に既に勉強して来ています（中略）。幹候生だけを集めてたびたび素養試験をやりますが、何時も僕は惨敗を喫しています。

ちなみに福中の属する中隊の、一九四〇年度の幹候の結果は、有資格者一二名中二名合格という厳しいものであった。

海軍の場合は、一九三四（昭和九）年から設けられた予備学生制度が、大学・大学予科・高等学校・専門学校の学生・生徒に対してのみ、予備将校への道をひらいていた。徴兵検査の時に、海軍を希望し（黙っていれば陸軍となった）、入隊後の試験に合格して採用されれば一年間の教育後、兵や下士官の階級を経ずに、予備役海軍少尉に任官された。在学中の教練の合格証がいらないこと、兵の階級を経ないことなどから、学生の間での人気は幹候に比し高かった。(6)

2　学徒兵に期待されたもの

それは端的にいって、（1）「隼」「疾風」「零戦」「彗星」などの特攻機搭乗員、水中特攻兵器「回天」などの操縦者、（2）軍の速成教育体系の中での普通学教官、（3）下級指揮官、（4）経理部将校、などの役割が期待されていたといえるだろう。

2・1　操縦者

陸海軍の飛行機搭乗員や特攻兵器操縦員として戦没した学生は枚挙にいとまない。『きけ　わだつみのこえ』に、その遺書や手記の収録されている戦没学生は七五名にのぼるが、そのうち明らかに飛行機による特攻で戦死した者が一四名いる。また人間魚雷「回天」に搭乗し戦死した者も二名を数える。[7]

他の事例を挙げれば、明治大学政治経済学部から一九四三（昭和一八）年一二月九日佐世保海兵団に入団した藤野正之は、航空隊日誌を遺して戦没した。その日誌によれば、同年一二月一二日航空隊志願者の適性検査開始、同月一五日学課試験、翌年一月二六日予備学生合格という過程がわかる。[8]二月五日の日誌には「当航空隊の様子にも大分慣れて来た。初めは何が何か分からなくてまごまごしてゐたけれども士官服を着て短剣を吊ってみると今更の如く身の変化に驚き」とある。三ヵ月の間に適性検査、学課試験でふるいにかけられつつ、見習士官に速成されてゆくさまがうかがわれる。

海軍予備学生の具体例として藤野の日誌を見てきたが、陸軍の操縦関係の予備役将校補充はどうなっていたのだろうか。陸軍としては、海軍に志望者が片寄るのに対抗して、一九四三年七月特別操縦見習士官制度を創設した(9)。本制度は、操縦要員予備役将校確保のために創設され、師範学校・専門学校・高等学校・大学に在学した者を対象とし、入隊の初めから曹長の階級を与えた(10)。兵を経なくてもよい点をアピールしたものであろう。

のちに日本古代史研究者となる土田直鎮は、一九四三年一〇月東大文学部国史学科に入学し、翌年五月熊谷陸軍飛行学校に入隊した。土田は、この陸軍特別操縦見習士官（いわゆる特操）三期生としての訓練を受けた。ガソリン不足による飛行停止のために、最終的には台湾の第九師団歩兵第七連隊で小隊長として敗戦を迎えるが、特操の訓練ぶりも海軍に劣らず、淘汰の連続であったことがその手記から知られる(11)。

最初は離着陸の練習で、一人一日の搭乗時間は合計三十分ぐらいであるが、早い者で一週間以内、遅くも二週間以内にほとんどの者が単独飛行に移る。三週間たって単独に出られなければ文句なしに失格である。そのほか、頻繁に教官が同乗し、技倆の進歩が思わしくない者、自動車で言えばアクセルとブレーキを踏み違えるような失策をした者には、容赦なく操縦停止を命じて失格とする。この失格を、どういう字を書くかは知らないがケッチンと称して、我々は最大の恥辱とした。このケッチンにひっかかった者は第九区隊と称する区隊にプールされ（中略）地上勤務に廻される。

このような驚異的速成訓練に耐えられる思考の柔軟性、抽象的考察に慣れた頭脳に期待をかけて、高等教育を受けた者を有資格者として、陸海軍ともに操縦要員の養成を図ったものとみられる。しかし、淘汰を繰り返しても速成であれば、質の確保はできない。一九四四年三月から海軍省教育局長を務めた高木惣吉の史料[12]を読むと、予備学生を迎える側の海軍当局にもさまざまな困惑があったことがわかる。教育局長の職責の一つとして高木は、砲術・水雷・航海学校当局の予備学生への評判を書き留めているが、学徒出陣組が一通りの教育を終えた頃、すなわち同年三月七日の日記に「予備学生の学力劣等で素行の修らぬ者が意外に多く、砲術学校では五〇〇〇名中普通学力の劣等なもの約一五〇〇名、航海学校では三三六名中約一〇〇名、健康、人物、学力の何れかで予備学生を免ずる必要のある者砲校八%[13]」と書き、必ずしも高くない素質を憂慮していた。

2・2　軍の速成教育体系のなかでの普通学教官

さきに紹介した高木惣吉の一九四四年八月一〇日の日記には「学生四〇〇名に対し教官一名の割合にては不充分にして、最少限二五〇名に一名の割合まで充実する必要あり[14]」との認識がみえる。

予備学生の教育の成果の思わしくない理由の一つとして当然考えられるのが、教官一人あたりの学生数の多さであったろうから、これを解消するために、予備学生の出身者で見習士官・予備少尉になった者のなかから優秀な部分を、教官として吸収したのであろう。

その具体例として、一九四一年四月に東大文学部東洋史学科に入学した二〇人の動静について、同期生が編集した『戦中戦後に青春を生きて』(15)を見てみよう。二〇人のうち、海軍予備学生として江田島の海軍兵学校に入った者に、護雅夫、鈴木壽、中村達、布目潮渢、谷井精之助、山田信夫の六人がいた。彼らは本来一九四四年三月卒業のはずだったが、一九四一年一〇月一六日「大学学部等ノ在学年限又ハ修業年限ノ臨時短縮ニ関スル勅令」（勅令第九二四号）の公布により六ヵ月短縮となったため、一九四三年九月繰り上げ卒業させられていた。

六人は等しく卒業直後の一九四三年一〇月海兵に入り、翌年初めから予備学生の身分のまま普通学の教官になっている。鈴木は三重航空隊で数学を、護は兵学校で平泉澄の『皇国護持の道』を使わされて国史の講義を行ない、布目は美保海軍航空隊で数学を教えていた。東洋史学を修めた者に数学を教えさせるとは当惑させられるが、いまだ実質的な徴集猶予の特典のあった理系の学生は求めようとしてもいなかったわけである。

普通学以外の教官になった者もいた。東大文学部国史学科から一九四三年一二月学徒出陣し、のちに日本近世史研究者となった尾藤正英は、一九四五年一月、見習士官のまま教育隊の教官として赴任した際のことを次のように書いている(16)。

この部隊は〔公主嶺にある第二航空軍第一航空教育隊のこと、引用者注〕全満洲の航空地上部隊の教育を司るところで、通信以外に整備、写真、気象などいろいろの部門があるが、専門教育以外に飛行場防備のための戦闘訓練もしなければならない。通信の技術はともかく、野外の戦闘訓練などはろくに身についていないのに、にわかに教官になったのであるから弱った。軍隊の成績も案外に筆記試験で決まる面が大きいらしく、そのため柄になくこういう所に配置されたのであろう。

2・3　下級指揮官としての役割

東大十八史会（文学部国史学科に昭和一八年に入学した者でつくる会）幹事の蜷川壽惠の手になる「学徒出陣の検証」[17]は、太平洋戦争開戦二年後に学徒出陣が命ぜられた背景に、中国大陸から南太平洋まで広がった戦線で、第一線に立つ下級指揮官の激しい消耗に対する措置を講ずる必要のあったことを指摘している。戦場で最も多く消耗するのは下級将校、すなわち小隊長クラスであり、この部分を、士官学校卒の将校によらずに補充することがめざされたのであった。

具体例を見ておこう。青山学院高等専門学校を繰り上げ卒業し、一九四二（昭和一七）年六月徴兵検査、幹部候補生となり、陸軍砲兵予備少尉で、フィリピンで敗戦を迎えた山本七平は、自らの体験を『一下級将校の見た帝国陸軍』のなかで詳述している[18]。山本は、一九四三年二月豊橋第一陸軍予備士官学校に入校、同年一二月卒業、翌年五月三〇日に門司を出港し、六月一五日マニラに上陸する。ルソン島北部のアパリからサンホセ間の五号道路周辺で、砲兵少尉として一年以上にわたって米軍の猛爆に耐えた経験を持つ。山本の属したのは、戦死者のほとんどが餓死によるものといわれた比島派遣第十四方面軍であった。

さきほど、海軍に対抗するため陸軍で特操を創設したことを述べたが、航空以外の分野についても、一九四三年一二月特別甲種幹部候補生制度を創設した[19]。これは、師範学校卒業者、専門学校・高等学校・大学の一年以上在学者のみを有資格者とし、採用と同時に伍長として予備士官学校で一年間教育し、見習士官を半年つとめて予備役少尉とした。一般の幹候は二等兵から始めたので、資格者には海軍並みに有利な制度と映ることをねらったのである。

2・4　経理部将校、主計科士官

陸軍の場合経理部とは、主計・監査・衣糧・建築を管掌していた。大学生と経理部の関係は、一九二六（大正一五）年創設された経理部見習主計制度によって密接なものとなった。この制度は、大学令による大学の法学部・経済学部・商学部の学課を修め学士となった者、または在学中の者で陸軍経理部委託学生になった者を見習主計に採用し、八ヵ月陸軍経理学校で教育して、経理部士官としたものである[20]。以上の制度に加えて、日中戦争開始後は多数の初級経理官を養成するため、一九三九（昭和一四）年九月、陸軍経理学校において、幹部候補生出身者の一部に集合教育を開始した[21]。学徒兵に関係するものでは、一九四三年一二月、経理部将校補充臨時特例により、大学に一年以上在籍した者を経理部見習士官に採用する制度も設けられた。

海軍の場合は予備役の将校相当官の一つとして、一九三八年に主計科の短期現役士官制（普通、短現と略称される）を設けた。専門学校・大学卒業の志願者から採用し、海軍経理学校入校とともに、ただちに海軍主計中尉に任ぜられ、二年間現役に服した後に予備役に編入されるようになっていた。[22] 小泉信三の子息信吉の場合も、一九四一年八月に海軍経理学校に入校し、第七期補修学生として四ヵ月の教育をうけているさまが、『海軍主計大尉小泉信吉』[23]からよくわかる。

学徒兵に期待された役割の最後のものとして経理将校を挙げたが、学徒出陣した学生の人数からいえば、このジャンルに属する者が多いことに気づく。[24] 東京大学史史料室が中心となってまとめた「東京大学における学徒動員・学徒出陣調査報告書」で、一九四三年一二月に入営した学部ごとの学生数を、その学部ごとの在籍数で割った比率（パーセント）を見てみよう。そこからは、かなりはっきりと学部ごとの特徴が読みとれる。

法学部六三・九五、文学部三二・四七、経済学部六三・七八とでており、法学部、経済学部、文学部の順で学生が入営・入団していったことになるが、法経系学部から陸軍経理部や海軍主計科の予備将校として補充された部分が、文学部との差に相当すると思われる。政治学者岡義武に教えをうけた曽村保信の回想によれば、昭和二二、二三年度に東大法学部を卒業した卒業生は毎年一回同窓会を行なってきたという。それはこの年度の卒業生のうち、二〇〇名前後が在学中に一度に海軍経理学校第一二期補修学生として採用されたためである。海軍短期現役主計科や陸軍経理学校については、同期会による回想がかなりあるので、それらも参考にされたい(25)。

3　近代兵制のなかでの学生の位置づけ

前節においては、学徒兵の様態についてさまざまな事例を見ながら、学徒兵に期待された最大公約数を考えてみた。そこで本節では、ようやく陸軍が、学生たちを予備将校要員として育成する必要に気づきはじめた第一次世界大戦後から、学徒出陣にいたる時期の、徴兵関連法規のなかでの学生の位置づけについてまとめておきたい。

3・1　一九一八（大正七）年三月三〇日の徴兵令（法律第二四号）

長期的に総力戦を戦うためには、下級指揮官の損耗補充が死活問題となることを教えたのは第一次世界大戦だった。陸軍臨時軍事調査委員『欧州交戦諸国ノ陸軍ニ就テ』(26)は、平時兵員に対する召集総員の数がイギリスでは二一倍、ドイツでは一四倍半になっていることを報じている。高等教育を受けた者の軍隊への積極的吸収ぶりや、徴兵適齢に達する前の青年教育の実態などは一九一八（大正七）年三月三〇日の徴兵令改正に「特権廃止、均質化」の方向で影響を与えている。

いいかえれば、高等教育を受けた者を、戦時に召集できるような予備将校として育成してゆくことの必要性に陸軍が気づいたのも、第一次世界大戦期といえるだろう。この時期の改正によって、中等学校以上の在学生の猶予制（それまでは徴兵検査自体を猶予していた）を全廃し、とにかく適齢に達した者は全員検査を受け、合格者に対してはその学校のレベルに応じた年限だけ入営を延期する措置である入営延期制に変えた(27)。

彼らには一年志願兵制を志願する資格があったので、徴兵検査を受けて一年志願兵として実際に入営するまでの期間、陸軍が彼らを在郷軍人として把握できる点にメリットがあった。しかし、学生の身になってみれば、入営まで身分異動届などの提出が義務づけられることになった。志願した学生は納付金一〇八円を納め、一年間現役に服して在営し、勤務演習召集に服して見習士官を命ぜられ、在郷期間二年後に予備役少尉となることができた。

3・2　一九二七（昭和二）年四月一日の兵役法（法律第四七号）

一九一八年の改正では、学生に厳しい入営延期制としたが、実際に運用してみて弊害も大きかった。在郷軍人として入営までを管理されることになる学生たちは前述したように、各種の異動届を提出しなければならなかったが、いかんせん、学生の身であるのでそれも滞りがちになる。陸軍としてはこれに違反する者を処罰しなければならなかったが、それもなじまないので、今回の改正では、一九一八年以前の猶予制と入営延期制を折衷して、学校の修業年限に応じた徴集延期制に変えた。

また、この制度については、予備役将校の養成と補充制度と考えて兵役法から削除し、勅令である陸軍補充令に入れた（徴兵令や兵役法は、勅令ではなく法律）。一九三三年の陸軍補充令の改正により、一年志願制度の名ごりともいうべき納金制は廃止され、また有資格者といえども一般兵と同様の教育期間を一定期間経るようになった。

3・3　一九三九（昭和一四）年三月九日の兵役法（法律第一号）

さて、改正兵役法第四一条に「戦時又ハ事変ニ際シ特ニ必要アル場合ニ於テハ勅令ノ定ムル所ニ依リ徴募ヲ延期セザルコトヲ得」と加えたことが、学生の本格的徴集の予兆となった。また徴集延期の最高年齢が満二七歳だったのを一年下げて二六歳（これは医学部の場合で、通常の大学学部は二五歳）とした。

改正理由の説明に立った陸軍省兵務局長中村明人は「中、少尉級の最も重要なる下級幹部の大部は、幹部候補生出身の将校に俟たざるを得ない状態」であるが、その場合「成るべく幹部候補生の程度を、年齢を低下して若い年齢の者を採りたい」「一年でも、一人でも若い者を、幹部候補生に包容すると云ふことが理論上適当」(28)と、率直な答弁をしていた。航空機搭乗者の技倆育成には当然若い方がよかったろうし、前年の一九三八年に幹部候補生の教育期間を一年から二年に延長しているので、学生を一年早くとりたいという事情もあったろう。

しかし、大学教育の現場では混乱が見られたはずである。それぞれの学校の段階によって猶予の最高年齢を一〜二年下げることとは、中学校でいえば二二歳から二一歳に、高等学校は二五歳から二三歳に下げたことを意味し、病気や入学試験の激烈さによって、やむをえず在学期間を延長せざるをえなかった者にとって苛酷ではないかとの意見もだされた。

たとえば「東京帝国大学制度臨時審査委員会」文書[29]には、「改正兵役法ニ関スル件　昭和十四年十一月二十七日可決」との書類が収録されている。今回の改正によって就学の途上入営しなければならなくなる学生は七〇〇名にも達するとの現状を訴え「制度ノ修正又ハ実施上ノ手心ニヨリカヽル学生ニ成ル可ク就学完了ノ機会ヲ與フル様関係当局ニ於テ適宜工夫サレンコトヲ希望ス」と決議している。

その理由を読むと、このいささか勝手な決議もむべなるかなと思えてくる。この時期は、高等学校の入学資格に中学校卒業の要件を入れた制度的移行期にあたっていたこともあって、仮に完全に停滞なく進んでも、卒業予定年齢と徴集延期年齢との間に一年しか余裕のなくなる実態が、決議の理由として挙げられているのである。

3・4　一九四一（昭和一六）年一〇月一六日の兵役法（勅令第九二三号）

この年の一一月に開会するはずの第七七帝国議会を待たずに、緊急勅令によって改正された。改正内容は、兵役法付則の第四項を削除したことにあった。第四項の内容は、一九三九年一二月一日の時点で中等学校以上の学校に在籍していた者に対しては、兵役法第四一条を適用しないというものである。この付則を削除したことによって、徴集延期期間の短縮や停止が勅令でなされてしまう層が生ずることになった。

緊急勅令は枢密院の審議を経なければならず、顧問官の清水澄は東条英機首相に改正意図を質している[30]。それに答えて東条は「作戦並に士官学校に於ける生徒養成の関係上、軍幹部要員の不足最も顕著なるは、昭和十七年下半期より同十八年上半期」であるといい、その年の一二月の徴兵検査を新しい方針で実施するためには、徴集手続きを遅くとも一〇月に始める必要のあることを、帝国議会の審議を待てない理由に挙げていた。

この改正によって、大学・専門学校在学者で、一九四二年三月卒業予定の者を対象として、一九四一年一二月に第一回の全国臨時徴兵検査が行なわれ、同じく四三年三月卒業予定の者を対象として、四二年四月に第二回の臨時徴兵検査が実施された。たとえば第二回の受検者四万九九三九人のうち、陸軍現役二万九七〇五人、第一補充兵八八五七人、計三万八五六二人が徴集されている（第一回は三万三四一三人）。この時、どれだけの兵員をとるかという徴集率の計算は、この時期の一般の徴兵検査の徴集率、すなわち七六パーセントで計算されていた。二回の臨時徴兵検査で入営した者は、狭義の意味では学徒出陣と呼ばれていないが、軍のなかで期待された役割は同じものだった。

注

（1）　徴兵とは、志願ではなく、国家の権力によって現役または補充兵役につかせる行政処分のこと。召集とは、すでに兵籍のある帰休兵・予備兵・補充兵などを、戦時・事変・平時教育などのおりに軍隊に編入するための措置をいう。参照、拙著『徴兵制と近代日本　1868–1945』吉川弘文館、一九九六年、一二～一三頁。学徒出陣は、狭義には、一九四三（昭和一八）年一〇月二日「在学徴集延期臨時特例」の公布により、高等教育機関に在学する学生生徒の徴集延期が停止され、文科系の学生を中心に徴兵適齢に達した者が徴兵検査ののち、同年一二月に一斉に入営・入団したことをさす。

（2）渡辺辰夫「遺記　初年兵教育時代」、日本戦没学生記念会編『きけ　わだつみのこえ』岩波文庫、一九八二年、六八～七一頁。

（3）尾藤正英「懐疑と彷徨」、東大十八史会編『学徒出陣の記録』中公新書、一九六八年、五八頁。近世思想史を専門とする歴史学者尾藤は、敗戦時、満洲公主嶺第二航空軍第一航空教育隊で教官を務めていた（陸軍少尉）。

（4）第三高等学校で不合格だった教練修了証明書について、東大の配属将校がすぐに発行したことについては、前掲、尾藤「懐疑と彷徨」五六頁。

（5）前掲『きけ　わだつみのこえ』五八～五九頁、大神田啓二郎宛書翰（一九四一年二月一日付）。

（6）百瀬孝『昭和戦前期の日本』吉川弘文館、一九九〇年、三五九頁。

（7）明治大学百年史編纂委員会編『明治大学史紀要　一三』（一九九五年）に、渡辺俊子作成「陸軍特攻戦没者名簿」、柳澤幸治作成「海軍特攻戦没者名簿」が収録されており、特攻隊慰霊顕彰会編刊『特別攻撃隊』一九九二年などの参考文献も明記され、参考になる。

（8）明治大学百年史編纂委員会編『明治大学史紀要　六』（一九八六年）三四～四八頁。

（9）大江志乃夫解説『支那事変大東亜戦争間動員概史』不二出版、一九八八年、二七八頁。

（10）前掲、百瀬『昭和戦前期の日本』三二一～三二二頁。

（11）土田直鎮「海没」、前掲『学徒出陣の記録』五～六頁。

(12) ここで引用するのは『高木惣吉日記』毎日新聞社、一九八五年、の刊本からであるが、防衛庁防衛研究所戦史部と国会図書館憲政資料室に原史料がある。
(13) 『高木惣吉日記』一八二頁。
(14) 同前書、二八八頁。
(15) 神田信夫・山根幸夫編『戦中戦後に青春を生きて』山川出版社、一九八四年。
(16) 前掲、尾藤「懐疑と彷徨」六三～六四頁。
(17) 蜷川壽惠「学徒出陣の検証」、『日本歴史』五七八号（一九九六年七月）九二頁。本論文は、従来過大に算出されていた学徒出陣組の総数を、確実な論拠をもって、四万五千から五万と見積もり、全軍のなかでの学徒兵の役割について、極めて的確な評価を下した論文である。のちに、蜷川『学徒出陣』吉川弘文館、一九九八年。
(18) 山本七平『一下級将校の見た帝国陸軍』四五頁、文春文庫、一九八七年。山本は一九二一（大正一〇）年生まれ。
(19) 前掲『支那事変大東亜戦争間動員概史』二七八頁。法令としては、一九四四（昭和一九）年五月五日勅令第三二七号陸軍兵科及経理部予備役将校補充及服役臨時特例を以て公布されたもの。参照、山崎正男「陸軍軍制史梗概」、石川準吉『国家総動員史　資料編　第九』国家総動員史刊行会、一九八〇年。
(20) 柴田隆一・中村賢治『陸軍経理部』芙蓉書房、一九八一年、二四九～二五〇頁。
(21) 前掲『支那事変大東亜戦争間動員概史』二七八頁。
(22) 前掲『昭和戦前期の日本』三五九～三六〇頁。
(23) 小泉信三『海軍主計大尉小泉信吉』文春文庫、一九七五年。
(24) 東京大学広報委員会編「学内広報」一〇七二号（一九九六年七月一五日号）所収。のちに、東京大学史史料室編『東京大学の学徒動員・学徒出陣』東京大学出版会、一九九七年。

(25) 陸軍経理学校第四期会編『第四期生史』一九八五年、北京陸軍経理学校第一期生会編『道あり巌たり燦たり　卒業五十周年記念論文集』一九九四年、勝鬨会刊『激動の青春・学窓から短剣へ第一二期海軍短期現役主計科士官』一九八二年、海軍経理学校補修学生第十期編『滄溟』一九八三年などがある。曽村の回想は、曽村保信「岡義武先生の想出」、『みすず』三五九号(一九九一年二月)。

(26) 陸軍臨時軍事調査委員『欧州交戦諸国ノ陸軍ニ就テ』(一九一七年)。

(27) 前掲、拙著『徴兵制と近代日本　1868-1945』Ⅷ章を参照。

(28) 「第七四帝国議会貴族院委員会議事速記録　二の一」(国会図書館法令議会資料室所蔵)。

(29) 「内田祥三文書」(東京大学史史料室所蔵)所収。

(30) 「枢密院委員会録」(二A/一五―七/枢B二六、国立公文書館所蔵)。

第九章　敗者の帰還
――中国からの復員・引揚問題の展開――

1　はじめに

数年前のこと、いまだ日本経済の強靱さだけが語られていた頃、年鑑の数字をながめていて、ハッとさせられたことがあった。それは、バブル経済絶頂期の「今」においてさえ、海外在住の日本人数でいえば、戦前の数に及ばない、ということだった。

むろん、その当時と今の、日本人の海外活動の内実は大きく異なるが、一人の人間が海外のあるスペースを占有し、そこで何らかの活動を行なっている、という事実の重さが現地側に持つ影響力は、変わらず大きいのではないかと思われる。

このような民間人の海外活動に限らなくても、太平洋の諸地域や中国で戦闘に従事したり、占領地軍政を行なっていた日本軍の存在もまた、地域に多大な惨禍を与えながらも、根ぶかい影響力を持ったのではないだろうか。

敗戦時、海外にいた軍人は約三六七万（陸軍三三〇万、海軍三七万）、民間邦人・居留民は約三二一万、合計六八八万と算出されている。(1) このような膨大な数の邦人が、一夜にして俘虜・難民と化し、国内に残された船舶は撃沈を免れた四二万総トンだけで運航のための満足な燃料もない、という状態に置かれたのである。日本政府が一九四五（昭和二〇）年八月末の段階で、外地民間人の帰還をあきらめ、現地定着を方針としていたことも、(2) 無理はないと感じさせる数字である。

しかし周知のように、実際には、軍人の復員、民間人の引揚は同年一一月頃から軌道にのり、四年後の四九年一二月三一日までに、帰還者数は約六二四万に達した。(3) この数字は、九割強が帰還できたことを示している。ソ連管轄下（満洲、北緯三八度以北の朝鮮、樺太・千島）での抑留・強制労働などの例外は無視できないが、たとえば、中国管轄下（満洲を除く中国、台湾、北緯一六度以北の仏領インドシナ）からの帰還者の、一定地点への集結から帰国までの死亡率が五％にとどまったこ(4)とは、日本軍の戦時中の「行為」を思う時、やはり驚きを禁じえない。

ところで、太平洋戦争終結時における軍隊の復員とは、戦勝国が敗戦国軍隊を武装解除する過程でもあった。アメリカ軍と死闘をくりひろげた太平洋諸地域に残された日本軍の武装解除は、食糧と医療品の手当が問題となるレベルの「救助」行為に近いものであったろう。

しかしながら、疲弊してはいたものの、一二〇万の日本軍が無傷で温存されていた中国での武装解除は、アメリカや中国にとって、なかなかやっかいな問題だったのではないだろうか。戦争終結時の中国は、奥地を中心とする国民党支配地域と、華北全体および長江中下流域からなる日本軍占領地域に二分されており、日本軍占領地域の内部に、共産党の抗日根拠地が建設されていた。よって、日本軍の降伏を、この時点での中国の正統政府である国民政府が受け入れ、武器を接収しようとしても、奥地からの進駐に時間がかかり、共産軍側に先を越される場合もでてきた。一方アメリカは、国共内紛に立ち入ることなく、日本軍の影響力をできるだけ効果的かつ迅速に大陸からなくすことが望ましいという方向で行動していたと予測される。

本章では、次のような疑問に導かれながら、中国管轄下からの復員・引揚について考えてゆきたいと思う。その疑問とは、①日本側に復員・引揚方針はあったのか。あったとすればそれはどのようなものだったのか、②連合国、とくにアメリカの方針はどのようなものだったのか、また、それは主に何に規定されていたのか、③帰還業務の執行は、アメリカと中国でどのように分担されたのか、④GHQ・SCAP（連合国最高司令部）と日本側の連絡はどのように行なわれ、方針はどのように執行されたのか、⑤現地において、中国側（中国戦区中国総司令部）と日本側（中国戦区日本官兵善後連絡総部）の連絡はどのように行なわれ、方針はどのように執行されたのか、などである。

対象を中国からの帰還に限定したのは、第一に、中国からの復員・引揚数が、全体の約三割を占め、単独の地域的まとまりでは一番数が多いことによっている。第二に、日米中の折衝過程をうかがわせる史料が少ないながらも存在するからである。

2　日本側の決定機構と引揚方針

ポツダム宣言受諾にともなって、四五年八月一六日午後四時、停戦の大命が東京で発せられた。この大命は、太平洋や大陸各地に広範囲に散らばっていた日本軍隊に、短期間に伝えられた。たとえば、中国にいた支那派遣軍の場合、末端部隊まで徹底するのにわずか六日間を要したのみだった(5)。それとともに、陸軍においては八月一八日の帝国陸軍復員要領・同細則により、陸軍総復員の方針が示され、海軍も八月二一日第一段解員指令を発した。陸海軍復員に関する勅諭の下賜は八月二五日であった(6)。周知のように、これら一連の措置は在「マニラ」の連合国最高司令部が日本側に手渡した降伏文書の内容（帝国軍隊の無条件降伏、武装解除を命じて、降伏相手の地域分担を明らかにしたもの）を実行に移す過程にほかならない。

小磯内閣の時つくられ、鈴木内閣下にポツダム宣言受諾を決定した最高戦争指導会議は、東久邇宮内閣のもとで八月二二日廃止された。それとほぼ同じような構成員（首相、重光外相、下村陸相、米内海相、近衛国務相、梅津参謀総長、豊田軍令部総長）ではあるが、副総理格の近衛の参加に新味を持たせた終戦処理会議（以下「処理会議」と略称）が同じ日設置をみている(7)。

これは、終戦に関する重要事項を審議する機関であり、この決定を閣議で確認し、最終的な決定としたようである。この機関の下にその実働部隊として、終戦事務連絡委員会（以下「連絡会」と略称）が置かれた。

「連絡会」の主なメンバーをあげておこう。委員長に内閣書記官長緒方竹虎、副委員長に河辺虎四郎、委員には、内閣総合計画局の毛里英於菟をはじめ、各省から局長級（陸海軍の場合は軍務局長）が集められた。国務と統帥の連携に意を用いた「処理会議」の機構と相似形になっており、参謀次長の河辺の参加も注目される。

「連絡会」は各省の局長を集めたものだったので、毎日の会報には向かない。そのため、さらに下の機構である、終戦事務連絡委員会幹事会（以下「幹事会」と略称）が各省の課長を集めて、頻繁に開かれていた。

マッカーサーの厚木到着が八月三〇日、総司令部の第一生命ビル移駐が九月一七日、日本政府の外交機能停止が一〇月であったから、いわば権力の空白期を、以上の機構がうめたことになる。[8]

「処理会議」は、短時日のうちに復員・引揚についていくつかの重要な方針を定めた。その一つが、九月五日「処理会議」決定の「軍事機密　外征部隊及居留民帰還輸送ニ関スル件」である。内容のポイントは、三点にまとめられる。①現有稼働船腹の大部分を帰還輸送にあてる。②居留民の還送順序として「満鮮・支那」方面を優先する。③連合国から船舶を借用する。[9]

この文書には、参考書類として、九月三日付の「外征部隊及居留民帰還輸送処理要領（案）」が添付されている。その方針の第一には「帰国輸送ノ重点ヲ先ツ大陸、特ニ支那及満洲ニ指向ス」と掲げられている。また、遠洋航海可能船を約二八万総トン、近海航海可能船を約一四万総トン、合計四二万総トンとはじきだしている。そして、外地から輸送すべき軍人と居留民を、この時点では、それぞれ三六三万、四六一万、合計八二四万と見積もっている。表現やデータの詳細さからみて、「連絡会」「幹事会」構成員である陸海軍軍務局長・課員などが中心となって準備したものと推測される。

この九月五日決定は、日本側としての帰還輸送の優先順位を初めて定めた点と、使用可能船舶の大部分を帰還輸送に使おうとしている点が注目される。

さらに、八月三一日の「処理会議」の段階では、居留民の現地定着方針がささやかれていたことを考えあわせれば、九月五日決定は、従前の方針に加え、いくぶん帰還の具体案を持ちはじめたといえるだろう。日本側に若干の変化をもたらした要因は、第一に、九月三日の重光外相・マッカーサー会見で、引揚のためならば日本船の封鎖状態を解いて、しかも修理を加えて使用してよろしい、との意向をマッカーサーがもらした点にあった[10]。

第二に、中国にいた谷正之公使（汪兆銘政権時代の特命全権大使）が、八月二五日、重光外相に宛て「支那の出方に拘はらず在留邦人の大多数は今次停戦の結果其居住家屋及職業を失ふ結果、何れは引揚の已むなき事情にある」[11]との趣旨の電信を送り、現地情勢を迅速に伝えていたこともあげられる。これ以前に重光は谷に宛て「在留邦人は現地在留を本則とす」との方針を知らせていたが、全部を在留させることの難しさが、現地の外交ルートを通じて政府に伝わってきていたことが考えられるだろう。

九月五日決定は七日の閣議で了承された。

これ以降の動きをみてゆこう。九月一八日「幹事会」には、「海外部隊並ニ居留民帰還ニ関スル件」(12)がだされ、方針として、第一に、海外部隊・海外居留民は極力海外に残留させる、そのための生命・財産の保障に努める、第二に、帰還すべき者に対しては、速やかに配船、帰還に必要な措置をとる、と掲げていた。この案は、九月二四日の次官会議で承認された。

一見すると、九月五日決定が後退しているように見えるが、その後の日本側と総司令部との細かな折衝過程をみれば、一時的な残留は覚悟しても、将来的に帰還をめざす方針は変わっていないことがわかる。たとえば、九月一八日「幹事会」での、報告・決定を列挙すると次のようになる。①帰還輸送用燃料を月当たり六千トン、アメリカに要求（翌日アメリカは了解）。②引揚順序。1医療設備のない地方、2南方自給不可能地、3南方・ニューギニア、4中国。ソ連管轄下の北鮮・満洲・千島の引揚は、許可があり次第配船。③アメリカ側は、配船の四割をフィリピンに向けるよう命令。

これはおそらく、敗残の日本軍をフィリピンから早く帰還させないと、在フィリピン米軍の動員解除も遅れることになる、との判断からきているように思われる。

九月一九日の「幹事会」(13)。①経済科学部長のレイモンド・C・クレーマー大佐などは「民生の確保が先決ではないか。先ず重点を決定すべし。満洲での一万人の餓死と日本での一万人の餓死とは何れが重要か」といって、運航可能な四二万総トン中、二六万総トンを帰還輸送に使うという日本側の配船計画に反対した。②海軍省軍務局一課に運航班を設置して（正式には海軍省軍務局艦艇運航班）、引揚用日本船舶の管理にあたることになった。

クレーマーの意見とは対立するが、アメリカ側には燃料を供給するから早く運航せよという意向もかなりあったことがわかる。

このように、総司令部の組織が整っていない時点では、日本側の「連絡会」「幹事会」があらかた方針を決定し、それをアメリカ側の代表者と個別に折衝するレベルにあったといえるだろう。しかし、引揚順位は、アメリカの意向を反映して、「満鮮支那」の居留民第一というわけにはゆかなくなっている。また、国内の民生を重視する総司令部の立場と、引揚に固執する日本側の間に意見の食い違いもみられる。

「処理会議」とその下部組織である「連絡会」「幹事会」が設置された時、これらは日本国内の意思決定を行なうものと了解されていた。その際、進駐してくる総司令部との連絡をとる機関としては、外務省の所管のもとに、八月二六日、終戦連絡中央事務局が設置されていた。

その後、外務省の機関が総司令部との連絡を独占することの不都合を指摘し、各省事務の連絡を一層緊密にすることを謳いつつ、重光外相に反発する動きがあった。こうして四五年一〇月一日、結局は、外務省管轄のもとに、総務部・第一部～第五部の六部からなる終戦連絡事務局が置かれ、その在東京組織である、終戦連絡中央事務局が総司令部との連絡にあたることになった。この改組にともない、「連絡会」「幹事会」は九月いっぱいで開催されなくなった。同様な機能を持つ会報組織体としては、終戦連絡各省委員会が一〇月から開かれることとなった。

「処理会議」期の日本側の方針決定で注目されるのは、帰還方針を比較的早く決定し、損傷船の修理・建造中の船舶の工事続行を最重要課題と位置づけて、関係各省が運輸省をバックアップする意志をかためたことであろう。それは、次官会議書類である「九月十七日　船舶造修能力ノ回復ニ関スル件」[14]や内閣官房総務課資料「終戦後に於ける運輸関係実施事項報告」[15]などの史料からも裏づけられる。たとえば、九月一日から一〇日の間に、四五隻、約九万総トンの修復が完了している。

3　日本側と連合国最高司令部との折衝

総司令部の正式の発足は四五年一〇月二日であったが、その陣容が整うとともに、日本政府との連絡ルートも確立された。荒敬氏によれば、原則的に、復員・引揚を担当したのは、参謀第三部（G3）であるという[16]。その他、参謀第二部の日本連絡課、米太平洋艦隊の日本船舶管理部も関係した[17]。

日本側の連絡機関としては、さきにあげた終戦連絡中央事務局（CLO）があった。そのなかでも、第三部第二課が帰還に関する海運を、第五部第二課が在外邦人の引揚を担当した。実際面では、海軍省軍務局の艦艇運航班などが配船計画の実行に当たった。終戦連絡中央事務局の担当各部が受けとった覚書などは、終戦連絡各省委員会を通じて、各省庁全体の認識となるようにされた。

以下、外務省外交史料館所蔵のマイクロフィルム「太平洋戦争終結による在外邦人保護引揚関係」（K'−0001）所収の「二一、二、一　在外邦人保護竝に引揚問題に関する連合国最高司令部との交渉経過概要」[18]や、終戦連絡各省委員会（以下「各省委員会」と略称）の議事録[19]によりながら、日本側と総司令部との折衝過程を見てゆきたい。

ここでは、アメリカ本国の国務・陸・海三省調整委員会（ＳＷＮＣＣ）において、アメリカの対中国政策のみなおしがなされる前の時点まで、だいたい四五年末までの動向をおさえたい。

日本政府がこの問題に関して総司令部に宛てた最初の覚書は、九月二九日付のものである。在外部隊と一般居留民の引揚についての日本側の要望は、次のようなものだった。①総司令部の要求に合致し、かつ緊急性のある地域より引揚を行ない、地域ごとに病者・老若婦女子を優先する。②配船の順序は、1フィリピン・南方の諸島、2生活困難の地、3北鮮・満洲・樺太・千島（ソ連の承認があるまでは、さしあたり南鮮・支那）、4病院船・医療施設がない地域、5仏印、タイ、マレー、スマトラ、ジャワ、ボルネオ、ラバウル、台湾、の順、としたい。

九月二九日付日本政府の要望に接した総司令部は、一〇月二日付で、日本人の引揚については、総司令部の指示にしたがって行なうべきであり、しかも日本側は引揚が「軍事的必要」に基づくものであることを再認識すべきだと注意を喚起した。日本側が引揚順序にふれる要望を提示したことに対して、不快感を表したのであろう。また、一〇月四日には、中国において、日本側と中国側だけで引揚交渉を行なった事例をとりあげて、日本人の引揚行為は日中の直接交渉ではなく、総司令部を通じて行なわなければならないと指示した。

こうして、一〇月一六日、総司令部は、最初のまとまった指令「被征服地域における日本人引揚に関する基本指令」を発した。ポイントを要約しながらあげてみよう。

①引揚に使われる日本船は最大限うまく運航させる。
②国内の旅客輸送に用いない日本海軍艦艇・商船は引揚に使える。
③日本政府は、日本船の運航、配員、食糧、補給を最大限能率よく行なう。
④軍人の引揚を第一に、民間人を第二にする。
⑤太平洋陸軍総司令官・太平洋戦域米陸軍司令官の管轄地域の日本人引揚については、本司令部において引揚用船舶の割当を決定する。
⑥中国陸軍総司令官（中国）、東南アジア連合国最高司令官（イギリス）、豪州陸軍総司令官（オーストラリア）、極東ソ連軍総司令官（ソ連）の管轄地域よりの日本人引揚については、本司令部において所要の取計らいをする。

まず、日本政府が問題としたのは、④の軍人、民間人の帰還順序であり、一〇月二五日、病者・老若婦女子・新聞通信員の帰還を優先させるように総司令部に申し入れている。しかし、この点について総司令部は、引揚は軍事的要求で行なわれるので、一六日決定に変更を必要としない、と回答してきた。後述するが、当時、アメリカの陸海軍人の迅速な動員解除・復員に対する米国内の世論の高まりがあり、日本軍の迅速な武装解除と本国への帰還だけが、米兵の早期復員を可能とするのだ、と米軍内でも理解されていた。

「軍事的必要」とは、中国の完全な解放という意味だけではなく、このようなアメリカ側の動員解除の事情も意味していたと思われる。

また、アメリカ軍の管轄地域についての配船割当は総司令部が行なうことが明確になったが、たとえば、中国の蔣介石の権限と、アメリカ軍あるいは総司令部のそれについては、いくぶん曖昧なままにされている。「取計らい」とは、外交権を停止された日本政府と各国との間を総司令部が連絡する、という程度の意味だろう。この時点では、総司令部あるいはアメリカが極東に関係する他国の領域での日本人の引揚を独占的に管理する権限を持つ意思のないことがわかる。後述するが、四六年五月七日の基本指令の内容と最も異なっているのが、この、他国とアメリカとの関係についての点であった。

このような覚書だけからは、あたかも総司令部が日本政府に対して、日本船のみを使用させて、細々とした引揚をさせているようにみえるが、実態としては、四五年一〇月段階でもアメリカのLST船などが帰還に使用されている。たとえば、一〇月六日の「各省委員会」では、総司令部が一〇月三日付の書面で、仁川から二万人をLST船で佐世保に運ぶと連絡してきたことの報告がなされている。[20] この二万人は実際に、一二日と一六日に佐世保に入港した。また一〇月二四日の「各省委員会」でも、ダバオからリバティー船約一〇隻（約一万五千人）が二週間後に入港する旨の連絡が総司令部からもたらされている。

終戦連絡中央事務局第五部第二課作成の「昭和二十年十二月末現在　在東亜地域法人調」[21]によれば、四五年一二月末までに、軍人四八万一五〇〇人、一般邦人四八万四〇〇〇人、合計九六万五五〇〇人が引揚を完了していた。第二課は終戦時の在外邦人全体を七二五万と、多めに見積もっているので、この時点での帰還率は約一三％となっている。帰還者の引揚地の大部分は、南部朝鮮・沖縄・小笠原・南洋諸島・フィリピン・華北からであり、華北を除けばアメリカ軍の管轄地域からの帰還である。

アメリカ側の要望と合致させ、フィリピンと南洋諸島からの引揚を第一においた、日本側の九月二九日案が実行されていることが確認できよう[22]。フィリピンと太平洋地区からの引揚は、日本海軍艦艇が主としてあたり、南部朝鮮や近海の島々からの帰還には日本商船（運輸省所属船）があたっていた。またアメリカ第七艦隊の保有するＬＳＴ船も、アメリカ海兵隊の移動用に空きがあるときなど、適宜使われていたとみられる。

内地部隊の復員は四五年一〇月一五日概ね完了し（書類上は一一月三〇日）、それにともなって、一二月一日から陸海軍省は、それぞれ第一・第二復員省に改組された。

4 アメリカの対中国政策みなおしと新たな引揚方針

4・1 ワシントンの三省調整委員会

国務・陸・海三省調整委員会（ＳＷＮＣＣ）が、日本軍の武装解除方針について合意に達したのは、四五年九月五日付の「武装解除・復員と、敵の兵器・軍需品・軍用器材の処分について」[23]である。内容の要点を記しておこう。

①すべての日本軍の人員は、船舶事情の優先順位が許すかぎり、できるだけ迅速に、日本に帰還させる。

②内地の軍隊は降伏後できるだけ早く復員（動員解除）させる。

③外地からの日本軍は、日本到着後できるだけ早く復員させる。しかしながら、船舶の事情によって、日本への帰還・引揚を完了させるまでには、まだかなりの時間を要するだろう。

④日本の統帥機構はできるだけ早期に廃止する。しかし、日本軍と日本の支配していた傀儡軍の武装解除と廃止を可能とするため、この機構を通じて指示することができる。武装解除・復員に有利だと判断されるときは、一時的にこの機構を維持することもある。

アメリカが当初、このような概括的な方針しか持っていなかったこともあって、前述したように、九月の段階では日本側が総司令部を先導するかたちで、引揚方針を形成していった。一〇月一六日の総司令部の一般指令は、この九月五日の三省調整委員会決定にそった内容になっている。

しかし、国務次官の九月一二日付大統領宛メモランダムが、中国東北部の緊迫した情勢について の蔣介石からの緊急要請を明らかにしたことによって、事態は動きはじめる。蔣は、広東から大連に向けて、中国軍を輸送するための船舶が大至急必要であると述べていた。それは、東北部のソ連軍が約束の期限で撤退する前に、国民政府側が東北部の拠点を確保するため、四五年九月中に船舶が必要だというものだった(24)。

統合参謀長会議（ＩＣＳ）は、九月一五日、このメモランダムに対する回答案を書く際「日本の降伏にともなって、日本を占領するため、あるいは中国の戦略的拠点を占領するための米軍の移動が必要とされるようになった。さらに、アメリカ本土に米軍人を帰還・復員させるために、現在、部隊の移動の需要は大変に多い。しかし、予定のプランを邪魔しない程度に中国の要求をのむことができるだろう」との判断をまとめている。統合参謀長会議は、最終的な結論をだす前に、中国戦域米軍司令官（ウディマイヤー）と太平洋米陸軍司令官（マッカーサー）の意見を聞く必要があるとした。

米軍の艦艇で国民政府軍を東北部に運ぶことは、国共対立に極力立ち入らない方針をとりたいアメリカにとっては、一つの決断を必要とすることだった。この問題から、アメリカは戦後の対中国政策を再検討せざるをえなくなった。

四四年五月一九日ノックスの後任の海軍長官に就任していたフォレスタルの記録(25)によれば、四五年一一月二〇日、バーンズ国務長官とパターソン陸軍長官とフォレスタルの間で、将来の中国と満洲の問題が次のように話しあわれていたことがわかる。

①ウディマイヤーが指示を求めてきている。彼の現在の任務は、国民政府軍が独力で日本軍の送還業務を行なえるようになるまで在中国米軍の力で日本軍の武装解除を達成して、送還業務を準備することにある。ワシントンは「国民政府の軍隊が、独力で満洲の日本軍を武装解除し、邦人を日本に帰還させる実力があるのか」ということを、ウディマイヤーにむしろ聞きたく思っている。

②パターソンは、この問題は我々のほかのアジア政策、つまり日本人をすみやかに日本に帰還させる政策とも関連してくる、といって、満洲の日本人問題を放置することは、我々の政策に一貫性を欠くことになると発言した。中国にいるアメリカ軍を撤退させるべきだという点については、米国内に強い圧力がある。とくに海兵隊に対しては、撤退させるべきだという議論が激しい。しかし、もしアメリカ軍が中国大陸から撤兵すれば、満洲には権力の空白が生じ、その空白に入ってくるのは、現在のところソ連ということになろう。

フォレスタルは軍人であったから、権力の空白期をさけるために、国民政府軍の東北部移駐をアメリカ軍が行なうことについて、やむをえないと考えていることが日記から伝わってくる。

しかしこの時期、世論は中国にいた六万の海兵隊の撤退をも要求しており、国務省は「蔣介石の率いる国民政府が、中国から日本人を帰還させるのを手助けはしたい。しかし同時に、国民政府が共産党に対抗するのを援助したくない」[26]と考えていた。ただ、つきつめて考えてゆけば、蔣介石が日本軍を帰還させるのを援助するのは、共産党に対抗するため、国民政府に便宜や見返りを与えていることになるのではないか、ともいいうる。一方で、アメリカ軍を即時中国から撤退させることは「国民政府のもとで、中国と満洲の統合を実現するという、我々の長らく掲げてきた政策が実現できなかったことを意味する」[27]とも考えられた。

このような議論を経て、パターソンとフォレスタルは陸海軍長官連名で、一一月二六日付の国務長官宛のメモランダムを完成させた[28]。国防担当者としての、対中国問題についての結論であった。その内容は「極東においてアメリカにとって最も好ましく重要な軍事力は、統一された中国である。これには満洲が含まれる。統一された中国がアメリカに友好的であること、これが極東での戦争の勃発と混乱に対する最高の保障である。そのためにも、とくに強く進言したいのは、華北に海兵隊を置いたままにしておくことである」。

この覚書では、依然として蔣介石をどのようなレベルまで援助するのか不明である。しかしそれは、一二月九日付で統合参謀長会議が大統領に宛てたメモランダム「中国からの日本軍官民の輸送と中国軍への援助」[29]で明確にされた。これは、これまでのアメリカ側の引揚方針を変えた決定なので、内容を詳しく見ておきたい。メモランダムの内容は、以下の通り。

一一月三〇日に、中国と日本に関係する主要な司令官には、アメリカ国務省が現在、中国政策の改訂を考慮中であると知らせてある。政策がだされたときに迅速に実行に移せるように、各司令官には次のような計画案の概要が与えられ、実行についての意見を具申するように指示した。

中国戦域米軍司令官（ウディマイヤー）は太平洋米陸軍司令官（マッカーサー）とともに、中国戦区から日本人の引揚を行なうにあたって、中国官憲とともに、必要な措置をとる責任を持つ。アメリカ側は中国官憲に対して、軍事物資を供給するかたちで援助を与え、助言を行なう。海兵隊はしばらくの間華北にとどまり、日本軍官民の引揚を援助する。また海兵隊は、中国中央政府が華北と満洲地域の解放と行政権の統合を行なうのを援助するため、中国軍の更なる移送に従事する。
①中国軍六個軍（二〇万人、補給品三万トン）を華北と満洲に海上輸送し、それ以降当該地域の中国軍に一ヵ月あたり五万トンの補給物資を運ぶ。
②満洲・台湾・北緯一六度以北の仏印を含む中国の港から毎月五〇万人の日本人を帰還させる。
③中国軍を運ぶのに六〇日間、アメリカ海軍によって運航されるLST船七五隻を使う。
④中国人船員によって運航される二五隻のリバティー船は、中国軍への補給物資を運ぶために訓練を行なう。そのうち六隻は三〇日間だけ運航し、残りの一九隻は六ヵ月間運航させる。
⑤日本人の引揚のため、日本人の乗組員によって運航され、日本の日本商船運航管理機関の監督下におかれる百隻のリバティー船を用意する。これらのうち二五隻は、中国人乗組員が運航をひきつぐことができるようになるまで、中国軍への補給物資の輸送に使われる。船の第一陣は、二一日で用意され、残りは六〇日で用意される。

⑥日本人の引揚のため、日本人の乗組員によって運航され、日本の日本商船運航管理機関の監督下におかれる一〇〇隻のＬＳＴ船をひきわたす。第一陣は一八日で準備され、残りは六〇日で準備される。

前述の期日は、指令が受領されてからの期日を意味する。迅速な行動が要求される。なぜなら、八五隻のリバティー船が一二月には使用可能となっているからであり、また、マリアナから米海軍を本国に帰還させる海軍の復員プランのために、じきに日本人船員によって使えるＬＳＴ船がどんどん減らされなければならないからである。

以上が、最終的な対中国政策決定にさきだって、現地の執行機関に内示された、中国軍移送・日本軍引揚プランである。米軍のＬＳＴ・リバティー船がめまぐるしく、米兵の復員・中国兵の輸送・日本人の帰還、という三つの異なる任務を果たすよう配船されていたのがわかる。日本人の引揚が、他の二つの意図と密接不可分とされている点に注目したい。

三省調整委員会の最終的判断「中国に対するアメリカの政策」(30)は、三日後の一二月一二日になされた。そこでは、次のような考えが示されていた。

――アメリカ合衆国は現在の国民政府を唯一の合法的な中国政府と認める。中国において日本の影響力の残る可能性を除去するために、アメリカは日本軍の帰還と非武装について、明確な責任を引き受けるつもりである。よって、解放された地域における日本軍隊の帰還と非武装化を効果的にする点で、今後とも今までと同様に国民政府を援助してゆくつもりである。中国における日本の影響力が完全に取り除かれ、中国が統一され民主化され、平和的な国家として中国大陸に位置することがなければ、太平洋の平和は達成されないだろう。これが、中国にアメリカの陸海軍がしばらくの間駐留する理由である——。

アメリカは、大物特使マーシャルを中国に派遣し、国共間の調停を行なおうとしていた時であったから、太平洋戦争の原因の一つをなした、中国における日本軍の影響力を何としても払拭しておかなければならなかった、とは想像できる。ただ、華北の海兵隊の存在意義を、日本軍民の帰還業務推進という点から説明しているのは興味ぶかい。

さきの統合参謀長会議の路線が、三省調整委員会の方針でも踏襲されていることがわかる。

4・2 新たな引揚方針

日本側が引揚計画の変更を正式に通知されたのは、四六年一月二九日付の総司令部発文書によってだった[31]。中国からの引揚についての部分では、統合参謀長会議のメモランダムにみられた計画案が、明確な日程をともなって具体化されていることがうかがえる。その骨子は、次のようなものだった。

①米乗組員によって運航されているLST船は四六年二月一日から四月一日までの間に漸次減らしてゆく。

②日本人乗組員によるLST船八五隻とリバティー船一〇〇隻は、四六年一月二九日から同年三

月三〇日の間にかけて、完全に日本側に貸与される予定である。たとえば、一月二九日に四隻、二月三日に七隻、というように引き渡し、三月三〇日の時点で合計がそれぞれ八五隻と一〇〇隻になるようになされるはずである。

③三月三〇日の時点では、一日の中国からの引揚総合人数が約二万八千百人に達するようにして、この率が維持できるようにする。

④日本政府は、中国からの引揚港、日本の受入港においてのワクチンを準備する。不足分については、日本政府は総司令部と協議する。

ここに供給されたアメリカ軍のリバティー船八五隻とLST船一〇〇隻が、中国からの引揚に非常に大きな役割を果たしたことは、関係者の一致して認めるところであった。

さて、総司令部として、正式の日本政府宛て覚書「日本人及び非日本人の引揚に関する基本指令」(32)を発したのは、四六年五月七日のことで、当時すでに完全に軌道にのっていた中国からの引揚方針を文書上で追認したものになっている。この覚書には、付属文書が一三も添付されており、その内容は、前年一〇月以降、個々の覚書で日本側に示された方針の集大成となっている。

基本原則を述べた部分では、まず一〇月一六日付の日本政府宛て覚書①〜④までの諸点を踏襲している。最も変化している点は、引揚について最高司令官の権限を規定した部分である。マッカーサーは、中国陸軍総司令官(中国)、東南アジア連合国最高司令官(イギリス)、豪州陸軍総司令官(オーストラリア)の管轄する諸地域から引揚げる日本人の日本への輸送と受入れについても、管理する権限を有し、必要な措置をとることが明記された。

アメリカが中国に一歩ふみこんだのと同様に、マッカーサーも他の連合国司令官との関係で、日本の引揚にふみこんだ関係を持つようになったといえるだろう。

5　中国での米中日の具体的折衝と帰還

戦争終結時に中国にいた日本人の正確な数を確定するのは困難である。まず、引揚業務全体を見わたす立場にいた岡村寧次（支那派遣軍総司令官）の記録を見てみよう。それによれば、陸軍軍人を一〇五万、民間人をも含めた数として二〇五万をあげている。四五年一一月二八日の「各省委員会」では、満洲を除く中国にいる軍人を一一五万、民間人を四八万、合計一六三万としている。この差はおそらく、台湾（約四〇万）と北緯一六度以北の仏領インドシナを入れるか入れないかによって生ずる差であろう。

中国側は、軍人（日俘）一二五万五千、民間人（日僑）七八万四九七四、合計二〇三万九九七四という数字をとっている。

国民政府軍は、四五年八月二三日先遣将校を派遣のうえ、同二七日参謀副長冷欣を南京に派遣した。九月五日には新編第六軍が南京進駐を開始し、総司令何応欽も同八日到着した。同九日岡村が降伏文書に調印し、一〇日から岡村は、中国戦区日本官兵善後総連絡部（以下「連絡部」と略称）の長官として、現地日本側の引揚責任者となった。

八月二一日、中国陸軍総司令部参謀長蕭毅粛と、中国戦域米軍司令部参謀長バトラーと支那派遣軍総参謀副長今村武夫の間でなされた会談で、中国側は第一号メモランダムを提示した。その内容は、岡村を中国戦区・台湾及び北部仏印の日本陸海軍軍人とその他の民間人還送・善後処理の責任者とする、というものだった(37)。

軍の機構がそのまま引揚の機構になる点については、意外な感じもする。しかし、アメリカの三省調整委員会の九月五日決定も、武装解除・復員について効果が期待されるならば、統帥機構を利用することを許していた。日本の外交権が停止されてゆけば、総領事館のネットワークが使えなくなることも予想された。さらに、中国側の要望として、引揚機関の一本化があったようだ。九月一〇日発の重光外相電はそれを物語る。「目下の所は中国側の総軍一本建の希望ある趣に付、日本軍渉外委員会を設置し、在支各公館が之に協力、事務の処理に当るは適当且必要と認めらる(38)」と重光は要望していたが、実際、治安警備、俘虜と被抑留者の措置、通貨・金融などの渉外事項の処理を任務とする日本軍渉外委員会が、南京と上海につくられた。

帰還させるべき人員、帰還にあたる機構についてわかったところで、次に支那派遣軍、のちに、「連絡部」が、どのような引揚のプランを持っていたのか、見ておきたい。まず、八月一八日というう早い時期に、支那派遣軍「和平直後における対支処理要綱案」を岡村自ら執筆し、①居留民は中国側の了解のもとに、努めて大陸において活動することを原則とする、②「撤兵に当りては」、中国側との連絡を密にして、最後まで自力により完全に撤収できるように、軍の自活態度を強化する、との方針を東京に伝えていた。(39)

①の方針は、「処理会議」の八月三一日決定などに影響を与えたと考えられる。また②の方針も、集結の終了までは最低限自衛に必要な武装を保持する自由を、中国側に認めさせてゆく今後の動きの端緒を示したものとなっている。

第二に、支那派遣軍のとった行動は、九月一日付の「停戦協定に関する事前稟議事項(40)」による中国側への要望提出であった。その内容は、①乗船地まで自衛兵器を携行する、②五〇万トンくらいの船腹を連合国から借用する、③帰国在留邦人は日本軍と同行保護し、優先的に輸送する、④最後まで統帥組織を活用し、之に基づいて中国側の要求を処理する、というものだった。ここでも、やはり九月五日の「処理会議」決定と何らか通じあうものが感じられる。

日本側の要望に対して、中国側は米国側代表の臨席のもとで九月一〇日、何応欽の口から次のように回答していた。(41) ①について。安全が確保されれば、携行する必要はないであろう。地域と状況に基づいて段階的に武装解除を行なう。②について。中国には船腹がないので、将来米国から借用するつもり。しかし現在具体案はない。

この後、日本側と中国側との間で、満洲・華北の境界地域や山西省での、武装解除問題でもめている。中国戦区においては、蒋介石のもとに日本軍は武装解除すると定められていたが、前述の地域では、ソ連・モンゴル人民共和国軍や中国共産軍からの武器引き渡し要求にさらされていたからである。抵抗せずに共産軍に武器を引き渡せば、中国側の不興をかうので、一部では日本軍と該軍の小衝突が頻発した。
そうなれば、中国側も日本軍の武装解除を一律に要求できなくなり、また現実に国民政府軍の該地域への進駐も進んでいなかった。ここに、問題は、さきにみた蔣介石のアメリカへの要求につながってゆく。九月中旬からワシントンで動きだしていた対中国政策のみなおしの過程は、現地には比較的早く伝わっていた。支那派遣軍参謀宮崎舜市の記録によれば、一一月五日、米軍の側からLST船八〇隻・日本船七隻によって、半年で帰還を完了するためのプランを求めてきたので、「連絡部」は四種類のプランを作り、中国側を通じて米軍に提出したという。[42]
岡村の一一月一七日の日記にも「帰還輸送の船腹を心配していたが、米軍から上陸用舟艇母艦たるLST多数を提供せられ、塘沽、青島、連雲港、上海、広州等から帰還することになり、本日第一船が塘沽から出発したとの報」[43]とある。さらに、一二月四日に岡村は、米軍の要求により中国戦域米軍司令部の将官と会見し、日本将兵・居留民の内地帰還促進について意見を交換し、日本人を迅速に帰還させるための資料提出を求められている。[44]
ワシントンにおける、一二月九日付統合参謀長会議のメモランダムを、おそらく中国側とすりあわせるためであろう、四六年一月五日、中国とアメリカは上海で合同会議を開いている。[45]ここで合意された内容は日本側の史料によれば、中国の港の一日の搬出人員の見積もりなどであり、たとえば、上海六千人、青島三千人などと具体的な数字が決められたようだ。[46]

一月一五日、東京で行なわれた米中会談の内容については史料がある。(47) 一二月九日決定に基づいて、日本人の帰還輸送に関係する中国政府、第七艦隊、連合国最高司令官の責任の分担が明確になった。

①中国政府は、日本軍の武装解除後、港湾地域に日本の軍人・民間人を集中し、乗船させるまでの責任をもつ。中国政府は、十分の準備をしたうえで、集中や乗船を遅らせたりしないようにすべきである。

②アメリカは、中国陸軍総司令部、中国政府、第七艦隊、最高司令官、日本政府の船舶管理処間の責任をもつ。

③第七艦隊はアメリカ海軍船舶の運航責任を負う。

④日本政府の船舶管理処は、日本人船員の乗船船舶運航の責任を負う。

⑤アメリカは、中国の港からの遣送につき優先順位を決定する。

支那派遣軍総参謀長の小林浅三郎は上奏書類のなかで「何総司令は一月七日に至り突如、中国戦区内に在る武装解除未了の日本軍は一月十四日以前に全部武装解除を終了すべきを命ずる」(48)と述べている。このような中国側の変化は、以上の会議の決定を反映したものだろう。

奥地から港湾地域までの輸送の責任を持つ中国側の努力には大変なものがあったようである。米中間で還送終了時期を四六年六月末と決定し、三月末に長江の船舶と鄭州・徐州廻りの鉄道を利用した内陸部からの輸送を開始すると、中国側は「超驚異的圧縮搭載」をやってのけて、実際に六月

二〇日までに日本への帰還民を上海に集中させることができた。(49)

6　おわりに

これまで述べてきたことを概観すれば、次のようになろう。戦争終結時から一〇月一六日の基本指令までの時期に、アメリカ側は、米管轄地域の武装解除・復員・引揚について、主に日本海軍艦艇・商船を用いて日本側の計画に基づいて行なわせていた。その際、アメリカ側は、引揚を「軍事的必要」に基づくものであると意味づけて、軍人を第一、民間人を第二の順序で帰還させる方針をとった。

日本側から考えると、敗残兵という自己イメージばかりが思いだされて、大陸に長らく突き刺さった「凶器」としての日本軍の存在意義にかえって思い至らないことが多い。婦女子や病者や居留民を先に帰してほしいとの、日本政府や「連絡部」の提出した要望が、アメリカ側の一笑にふされている点は興味ぶかい。

この間の日本政府側の措置として見るべき点は、最高戦争指導会議と同様の構成員からなる終戦処理会議を設置して、引揚用の海軍艦艇の修理・新船建造に早くから着手したことであろう。

さて、このようなアメリカの引揚方針が最後まで貫かれていたとすれば、当初日本側が覚悟したように、引揚は相当長期にわたっていただろう。しかし、華北・中国東北部の拠点を共産軍に先立って確保しなければならなかった蔣介石の緊急の要請に端を発し、「統一された平和的な中国を生みだすことが、アメリカの戦争目的の一つではなかったのか」と、アメリカは再度自問自答して、国民政府軍の華北・東北移駐のために米軍の艦船を提供する、短期集中型のプログラム作成にふみきってゆく。

議会や世論をにらんで、アメリカ海軍内では極東からの米兵の迅速な動員解除に迫られていた。艦隊の保有するLST船やリバティー船は、本来はこの時期、マリアナなどからの米兵を本国に帰還させるためのものであったはずである。それを中国兵の輸送、日本人の帰還にも流用しながら、国内的には頭の痛い問題であった、華北駐留の海兵隊の存在意義を、日本軍の復員・引揚業務の監視から説明するとは、なかなか鮮やかな手並みである。しかも、この三者を一体のものとして推進したことが、迅速な帰還輸送を可能とした最大の要因にほかならなかった。米中合同会議の様子からもわかるように、アメリカ側は中国兵の移送という点で中国に好意を提供しつつ、その一方で、日本軍の中国奥地から港までの輸送を担当する中国政府の業務のペースを拘束できる地位を確保した。

こうして、四六年五月までに中国から帰国した軍人と民間人は、累計で一六六万三八六〇人となり、八割を超える人々が敗戦後一年もたたない内に帰還を果したのである。

注

（1）終戦連絡中央事務局政治部「執務報告　昭和二十一年四月十五日」、荒敬編『日本占領・外交関係資料集』第三巻、柏書房、一九九一年、三〇四頁。
（2）八月三一日終戦処理会議決定「戦争終結に伴う在外邦人に関する善後措置の件」、江藤淳責任編集、波多野澄雄解題『占領史録』第二巻、講談社、一九八二年、一六八頁。
（3）『引揚援護の記録』引揚援護庁長官官房総務課編刊、一九五〇年、序文一二頁。正確な数値は、六二四万一四三三名。
（4）同前書、本文一一頁。
（5）『岡村寧次大将資料（上）――戦場回顧篇』原書房、一九七〇年、九頁。
（6）総復員・終戦処理に関する年表は、石川準吉『国家総動員史史料編』別巻、同刊行会、一九八二年。
（7）「極秘　終戦処理会議設置の件」、「内閣官房総務課資料　終戦関係書類　其の二」（二A／四〇㊮／三七三、国立公文書館所蔵）所収。なお、占領当局と折衝にあたった日本側機関の変遷についての参照すべき研究として、荒敬『日本占領研究序説』柏書房、一九九四年、第二章。
（8）一九四五年一〇月二五日総司令部「外交及び領事機関の財産及び文書の移管方に関する総司令部覚書」、同年一一月四日総司令部「日本政府と中立国代表との公的関係に関する総司令部覚書」、ともに外務省編『日本占領及び管理重要文書集』第二巻、日本図書センター版、一九八九年復刻版、所収。
（9）「公文類聚　第六九編　昭和二十年　巻六五」（二A／一三㊮／二九四九）所収。以下、引用を断らない場合も、この史料による。
（10）前掲『占領史録』第一巻、二七〇頁。重光外相は九月三日の枢密院における外務大臣報告の際に、芳澤謙吉の質問に答えて「連合軍は日本船舶を之（帰還輸送のこと、引用者注）に用ひることを許す意向なるが如し」といっている。深井英五『枢密院重要議事覚書』岩波書店、一九八二年、四三六頁。

（11）一九四五年八月二五日谷公使発重光外務大臣宛電報「在支邦人保護措置ニ関スル件」、『占領史録』第二巻、一五二頁。

（12）「九月十八日　終戦連絡幹事会」、前掲「内閣官房総務課資料　終戦関係書類　其の一」所収。

（13）このあたりの連絡会の史料はすべて、前掲「内閣官房総務課資料　終戦関係書類　其の一」所収。

（14）「昭和二十年　公文雑纂　内閣次官会議関係（一）」（二A／四○(纂)／三○七九－一）所収。

（15）「内閣官房総務課資料　当面の各省緊急施策要綱」（二A／四○(資)／三○○）所収。

（16）前掲『日本占領史研究序説』二四頁。

（17）前掲『引揚援護の記録』四頁。

（18）「二一、二、一　南方課　在外邦人保護竝に引揚問題に関する聯合国最高司令部との交渉経過概要」、「太平洋戦争終結による在外邦人保護引揚関係」（K'－0001　外務省外交史料館所蔵）所収。以下、断らないかぎりこの史料からの引用である。

（19）（20）「終戦連絡各省委員会議事録」、前掲『日本占領・外交関係資料集』第一巻所収。

（21）前掲「太平洋戦争終結による在外邦人保護引揚関係」所収。

（22）終戦連絡中央事務局第一部「執務報告　昭和二十年十一月十五日」、前掲『日本占領・外交関係資料集』、第三巻、一二七三頁。

（23）SWNCC 58/9, Disarmament, Demobilization and Disposition of Enemy Arms, Armunition and Implements of War (Japan), 9/5/45, Roll 1, 0148, Complete Records of Mission of General

Marshall to China, Dec. 1945 to Jan. 1947.（国会図書館憲政資料室所蔵、以下Marshall Papersと略称）
（24）JCS 1515/1, Transportation of Chinese Troops by Sea to Manchuria, 9/19/45, Roll 1, 0199, Marshall Papers.
（25）Jim Forrestal, edited by Walter Millis. *The Forrestal Diaries*（Cassell & Co., London, 1952）, 116-117 pp.
（26）*Ibid*, 117 p.編集者による解説部分。
（27）*Ibid*, 118 p.編集者による解説部分。
（28）*Ibid*, 119 p.編集者による解説部分。
（29）JCS 1586, Deportation of Japanese from China and Assistance to Chinese Forces, 12/9/45, Roll 1, 0278, Marshall Papers.
（30）SWNCC 83/13, U.S. Policy towards China, 12/12/45, Roll 1, 0229, Marshall Papers.
（31）「本邦人引揚に関しＧＨＱとの来往信綴」、前掲「太平洋戦争終結による在外邦人保護引揚関係」所収。
（32）前掲、外務省編『日本占領及び管理重要文書集』第二巻、一四四～一七一頁。
（33）前掲『岡村寧次大将資料』上巻、一〇頁。
（34）同前書、九一頁。しかし、八頁では一〇五万の大兵と八〇万の居留民という数字もある。
（35）中国戦区中国陸軍総司令部『受降報告書』一九六九年。
（36）今井武夫『支那事変の回想』みすず書房、一九六四年、二四二頁。
（37）「日中終戦交渉会談録」、『現代史資料38　太平洋戦争4』みすず書房、一九七二年、三三八頁。
（38）「昭和二十年九月十日　重光外務大臣　終戦後に於ける在支各公館措置の件」、前掲『占領史録』

第二巻、六八頁。
(39) 前掲『岡村寧次大将資料』上巻、二一～二二頁。
(40) 前掲「日中終戦交渉会談録」三五八頁。
(41) 同前書、三五一～二頁。
(42) 「支那派遣軍の終戦並復員概況」、前掲『現代史資料38　太平洋戦争4』四八〇頁。
(43) 前掲『岡村寧次大将資料』上巻、五四頁。
(44) 同前書、五七頁。
(45) 「一九四六年一月五日在滬挙行之中美聯合遣送日人会議議程」中国戦区中国陸軍総司令部『処理日本投降文件彙編』下巻、一九六九年、二四二頁。
(46) 「支那派遣軍の終戦並復員概況」、前掲『現代史資料38　太平洋戦争4』四八三頁。
(47) 同前書、二四四～二四五頁。
(48) 「終戦後に於ける支那派遣軍の一般状況に就て　上奏」、前掲『現代史資料38　太平洋戦争4』三八四頁。
(49) 同前書、三八七頁。

第一〇章　政治史を多角的に見る

ひとつの時代のものの考え方がまったく別の思考に変わってしまうことがあります。このような知の型の変移はどのようにして起こるのでしょうか。それは学者の視点の問題としても、政策決定の説得の問題としても様々な事例のなかで考えることができるのです。

1　研究史の必要性

私事から話を始めて恐縮ですが、大学一年生の時、一般教養の哲学の授業をしばらく受けていて気づいたのは、「この教室で説明されているのは哲学史であって、哲学ではないんだ」ということでした。これは多少の落胆をともないました。あの頃は身勝手にも、入門講義であれば、それを全回まじめに聴講すれば、やがて自分でも哲学できるような技倆が身につくはずだと考えていたからです。

「哲学できる」なんて、随分たいそうな、などと思わないでください。誰にでも、なんとか答えを見つけなければ辛いだろうな、という種類の人生上の難問はあるもので、筆者の場合、小学校二年生の頃の体験に遡ります。「明日になれば、またクラスの友達や先生に会えてそれはそれで楽しみだけれど、私がもっと大きくなって年をとって死んでしまった後でも、私がいないまま、地球の時間はずーっと続いていくんだな」といった、大それた、しかし本人にとっては大まじめな考えが、ある時唐突に浮かびました。このような寂しい沈んだ気持ちが、何か学問の力によって解決されれば、人生随分楽しいものになるのに、と考えていたために、哲学の授業への期待が人並み以上に高かったということです。

しかし、この章で書きたいのは哲学の話ではありません。今から振り返ってみて、哲学の授業で哲学史の基礎を丁寧に教えてもらえたのは、実は大変幸せだったのかもしれないと思い始めたことから話が始まります。日本史を専門として研究したり教えたりする時に、入門にふさわしい史学史のスタンダードが、いまだ書かれていないのではないか、と感じることがたびたびあったからです。また、近代史の入門を、歴史の流れにそって書かれた概説書を用いてやろうと思っても、概説書のいくつかは水で薄めすぎた水割りのようで、はなはだおもしろくありません。

そこで、ほかの学問をながめてみると、隣の芝生の譬えもあるように、工学系の分野の場合など、入門から基礎そして応用へと、各段階で達成されるべき内容について、きちんと確立されているように見えます。工学の場合など、ディシプリンが安定して見えるのは、次に解明されるべき学問上の争点が、研究の進展とともに、比較的過不足なく見えてくるような学問分野だからでしょう。

また、経済学史では、近代経済学の分野ですが、すでに根井雅弘さんが『近代経済学の誕生』（ちくま学芸文庫、一九九四年）や『二十世紀の経済学』（講談社学術文庫、一九九五年）などで入門書のスタンダードを書いています。同じく政治学史では、大嶽秀夫さんの『戦後政治と政治学』（東京大学出版会、一九九四年）や「高度成長期の政治学」（『UP』二八二号から二九三号まで一二回連載）に指を屈することができるでしょう。いろいろな時代の、いろいろな地域の学者たちが、渾身の力で書いた専門書の山を、相互の関係に目を配りつつ研究史のなかに意義づけていくのは、胆力もいるし時間のかかる作業です。こういった作業を、ブリリアントな専門家がやってくれているという点で、お二方の著作は大変にありがたいものなのです。さらに、小説のジャンルでも、池澤夏樹さんの『ブッキッシュな世界像』（白水社、一九九三年）や『読書癖』（一〜三、みすず書房、一九九一〜一九九七年）などは、古今東西の文学書の書評の形態をとりながら、老練な教授による文学史を聞いているような幸福感をわれわれに与えてくれます。

工学、経済学、政治学、文学というように、だんだんと人文系に話をもってきましたが、人文系の分野でも、最近になって、新しくその学問に興味を抱いた人へのガイダンスとして、過去の学説や研究の持った意味について、わかりやすく解説しなければならないとの自覚も生まれつつあるようです。このような気風が生じた背景には、やはりミッシェル・フーコーの持ったさまざまな影響力があったのではないでしょうか。フーコーなど、何をいまさら、という反応もあるかもしれませんが、当面、フーコーがインタビューのなかで次のように語っている（桑田禮彰ほか編『新装版　ミッシェル・フーコー　一九二六〜一九八四』新評論、一九九七年、二一〜二二頁）のに注目してみましょう。

一七五〇年に出版された医学書は、現代のわたしたちからすれば、ちんぷんかんぷんでじつに滑稽な民俗学的対象です。ところがその七〇年後の一八二〇年ごろになりますと、一転して医学書は——現代からみれば、不十分であいまいだったり誤っていたりする記述が部分的にあるにせよ——現代とおなじ型の知に属しているように思えます。たとえばこのふたつの医学書をへだてているのが、わたしのいう断層です。（中略）そしてわたしはつぎのように自分に問いかけたのです。（中略）「知のあるひとつの型から知の別の型へ、移行が行なわれるのにどうしても必要な変換作用とは、どのようなものであったのか」と。

フーコーは医学書を取り上げて分析しましたが、ある特定の時期に、ある特定の学問の領域で、急激な認識の変化が起こるのはなぜなのか、と問いかけてみることは、ある研究領域の研究史をまじめに考えたい人間にとって不可欠の作業だと思います。なぜなら、認識の変化に「明白な差をつくりうるのは、どのような根本的経験なのであろうか」（フーコー、神谷美恵子訳『臨床医学の誕生』

みすず書房、一九九六年版、二頁）と考えることは、後進の者が新たに研究に参入していく際に、自己の研究のオリジナリティをどこに見いだしていけるのか、また見いだす契機がどこに隠れているのか、についての羅針盤を手にいれることと同義だからです。

「語るものと、語られるものとの間の、位置と姿勢の関係が変った」（同前書、三頁）時期についてフーコーが興味をかきたてられたのは、たとえば、ある学問を仕事とする人間が、その学問対象をどう捉え、どう叙述してきたのかという問題を考えていけば、逆にそれまで「考えられてこなかった」学問の対象領域が何だったのかを、最も端的に示すことになるからでしょう。ちなみに、フーコーは一九世紀の初頭に起こった医学界におけるこの変化を、政治的にはフランス革命を背景として、一つには、臨床医学研究が全国的に画一性をもった地誌研究・気象的観察・流行病の報告などから豊かにされ、全体的な包括性をもった知の体系となったこと、第二には、屍体解剖のタブーが薄らぎ、臨床教育と病理解剖学が経験的に結び付けられるようになったこと、の二つの要因から説明しています。

2　明治維新史研究における変化

さて、近代史学においても、フーコーのいうような、知のあるひとつの型から知の別の型への移行、あるいは、語るものと語られるものとの間の、位置と姿勢の関係が変わるような、大きな変化が認められるでしょうか。筆者は、明治維新史研究において、少なくとも一つの例を提示できると思います。よって、これから、フーコーのいう断層、これを明治維新史の領域において決定的にした論文を取り上げて、その意義を論じてみましょう。このようなことは、実証的な研究を自らやりとげることによって政治史の魅力を語ることと、実は同じほど大切なことですが、あまりやられてこなかったのです。筆者の取り上げようとするのは、佐藤誠三郎・伊藤隆・高村直助・鳥海靖の各氏の共著論文で「日本近代史研究の二、三の問題――岩波講座『日本歴史』近代(一〜四)によせて」(『歴史学研究』二七八号、一九六三年)と題されたものです。

これは、岩波講座『日本歴史』の書評として書かれたものですが、「批評とは本来、積極的見解の対置によって完結すべきもの」という書きぶりからも察せられるように、その当時の日本近代史研究の壁を打破する勢いをもって書かれた論文でした。まず、研究が壁に突き当たっていると認識されてきた理由として、研究者たちが、マルクス主義的な発展段階論をとっていた場合に生ずる「難問」を回避してきたからではないかと論じています。その場合「難問」とは、だいたい次のように説明されます。

――歴史の変化を、「経済的社会構成体」の継起的交替によって基本的に説明する、マルクス主義的な発展段階説に立脚し、しかも明治維新によって成立した「国家権力」を基本的には、封建的な絶対主義と規定する場合、事実として否定しがたい日本資本主義の急速な発展に対応して、「国家権力」に、いついかなる「本質的」変化が生じたのか――。いいかえれば、資本主義的な発展をみせる経済構造と、その上部に位置する政権を絶対主義政権と規定していたのでは、どうしてもマルクス主義的な発展段階説ではズレが生じてしまわないか、との疑問を提示しました。

この部分だけを紹介しますと、発展段階説を表面的に批判しているだけなのではないか、と誤解されるむきもあるでしょうから、佐藤誠三郎氏がほかの座談会で発言した内容で補っておきましょう。マルクス主義か、そうでないかが問題なのではなく、たとえば山田盛太郎の業績などを、明治維新史研究者は真剣に継承してきたのか、と佐藤氏は問いかけます。山田の視点のなかには、日本の資本主義が、古い制度を絶えず再生産しながらも、急激に発展したさま、いいかえれば、古いものを利用しながら、産業化を推し進めていったことについての視点があり、おおいに学ぶべきものがあるのだ、といっています。

この論文をきっかけとして、政治史と経済史の双方で、はっきりと新しい近代史のアプローチが確立されるようになりました。しかし、当時は政府の「明治百年」論や、国際政治上のアメリカのアジア戦略が、社会的に大きな反発を招いていた時でした。よって、この論文の執筆者のうち、とくに佐藤誠三郎氏と伊藤隆氏の研究に対しては、「批評とは本来、積極的見解の対置によって完結すべきもの」という姿勢とは、到底あいいれない外在的批判がなされました。今日から見れば、当時の批判者たちが、佐藤氏や伊藤氏の業績を近代化論と呼びならわし、ライシャワー駐日大使の歴史論などとからめて、「近代化論が一定の政治的役割を担っている」（「明治維新史研究の成果と課題」、『日本歴史』第二三六号〔一九六七年〕。遠山茂樹氏の発言）と批判したこと自体、今昔の感があります。

むしろ筆者が興味を持っているのは、ライシャワーの学問的著作やアメリカ政治学の蓄積が、一九五〇年代から六〇年代の日本の知識人にどのような影響を与えたかという点です。さきほどのフーコーの例でいえば、当時の医学の「知の型」に対して、地誌・気象・流行病についての報告や屍体解剖などの持った革命的意義に相当するものが、なんだったのかを考えたいのです。佐藤氏の「幕藩体制の政治的特質（一）　明治維新研究への序章」（『国家学会雑誌』第八〇巻七・八号、一九六七年）や、伊藤氏の「明治十年代前半における府県会と立憲改進党」（『史学雑誌』第七三編六号、一九六四年）などの論稿が、著者たちの独創と、史料の博捜の結果生みだされたのは間違いありません。しかし、同時代の学問的な雰囲気と交点を結ばない研究者を想定することもまた、非現実的です。

まずは、この二つの論文の意義と、その当時のアメリカの学問的状況を同時代的に見ていこうと思います。社会学の成果をふんだんに用いたアメリカ政治学の業績や、中国と日本をつねに比較しながら捉えようとするアメリカ歴史学の成果が、一九五〇年代から六〇年代にかけてようやく戦後日本に浸透したこと、これは「知の型」の変化に対して決定的な意義を持ったと考えられます。

佐藤論文は、日本の例外的「成功」を可能にした国内的な基礎条件が、いかなるものであったか、それらが幕藩体制と呼ばれている伝統的社会の下でいかに準備されたかを明らかにしたい、といって書きだされています。伝統から近代が生みだされるという視点は、山田盛太郎が経済史の分野で達成した観点を、ある意味で見事に政治史に生かしたといえるでしょう。また、T・C・スミスが、一九六〇年のイェール大学での講義をもとにして書いた著名な論文「日本の士族的革命」（Thomas. C. Smith, *Native Sources of Japanese Industrialization, 1750–1920*, University of California Press, Berkeley and Los Angels, 1988. 邦訳、大島真理夫訳『日本社会における伝統と創造』、ミネルヴァ書房、一九九五年所収）の論点につながるものがあります。スミスは、日本の武士身分が封建的貴族制の一つであったのにもかかわらず、どうして自分からその特権を廃止するような改革を行なったのか、と斬新な問いを発しました。そして、日本の武士身分が、土地を所有しておらず、その政治権力がすでに官僚的なものであった、とのイメージを描きました。

ライシャワーの自伝のなかには、「西欧列強の脅威に対して、日本は精力的かつ成功裡に対応し、さらに運用に適した憲法と議会政治を発達させることに成功もした。どうしてこのようなことが可能になったのか、明確な説明が必要であろう」との感慨が述べられている部分があります（*My Life Between Japan and America*, John Weatherhill, Inc. 1986, P.118）。ライシャワーは、駐日大使になる前にハーヴァード大学で、日本を中心とした東アジア史を講じていましたが、Rice Paddies course（苗代コースとでも訳すのでしょうか）と呼ばれていた教養課程の授業で、中国史のフェアバンクと共同で講義を担当していました。

その際二人は授業用に、*East Asia: The Great Tradition*（1960）と *East Asia: The Modern Formation*（1965）の二冊を執筆しています。ライシャワーは、日本のマルクス主義者の柔軟性のなさを批判する際に、マルクス主義者が日本の封建性を論ずる際に西欧との比較しか念頭になく、中国との比較をしないと指摘しましたが、その見識は、中国と日本を常に比較しつつ教えなければならなかった、彼自身の教育体験からきた実感だったのではないでしょうか。

いっぽう伊藤論文のほうは、府県会の党派化の進展と、政党の中央リーダーのそれへの対応という視点から立憲改進党を見たものです。現在では、政党指導者の政治指導を分析するという視角は一般的なものとなりましたが、当時においては、府県会と府知事県令との対立抗争のなかに、革命性や限界を見いだそうとした研究がほとんどでしたから、この論文の視角はきわめて斬新なものでした。伊藤論文には、社会学のディシプリンを積極的に吸収したアメリカ政治学の成果が前提にされているところがありますし、そのこと自体あまり注目されてこなかったので、その観点から解説を加えてみましょう。

アメリカで一九〇八年という早い時点で、*The Process of Government, A Study of Social Pressure*（The Univarsity of Chicago Press, 1955）という目覚ましい著作を出しながら、一九五〇年代に入ってようやく再評価された政治学者にベントリイがいます。アメリカでのベントリイの再発見を受けて、日本の学界に早くから紹介していたのは田口富久治氏でした（田口氏とベントリイの関係については、本文中に言及した大嶽氏の「高度成長期の政治学」を参照）。一九五〇年代の日本の雰囲気は、軍事的な紛争勃発や体制の急激な変化なくして、日本がうまくやっていけるのではないか、との期待が一時的に高まった時期で、普遍的な分析枠組みで日本の近代が語れるのではないかとの、緩やかな期待があった時でした。

田口氏は「合衆国における現代政治学の形成（一）」（『国家学会雑誌』第七一巻二号、一九五七年）を書いて、ベントリイの詳細な紹介を行ないました。だいたい、次のような内容です。――それまでアメリカの政治学のやってきたことは、合衆国の統治機構を、法的制度として把握し、それを法律学的述語で記述することにおかれていた。しかし、ベントリイなどの学者たちは、政策決定過程に対する世論や政党の影響力に気づき、アメリカにおいて権力が統治機構の三部門に平等に分配されているのではなく、議会とくに種々の委員会に集中しつつあることに注意を喚起した。そして、政治学の研究対象を、狭義の統治構造から準統治構造としての政党あるいは、官僚機構の執行過程にまで量的に拡大した――。

ベントリイが新たに導入した概念は、「集団」と「インタレスト」というものでした。ベントリイの集団概念は、これまでの政治学者が想定したような、統治機構内の政治主体や政党などの政治集団に限らず、政治機構や準政治機構の活動に、圧力と影響力を与える圧力団体、選挙人団体などをも広く含んだものでした。また、ベントリイは、すべての集団ないし集団活動は、それぞれのインタレストを内包すると定義し、その場合、集団のインタレストは、絶対的には規定されえず、常に相互の集団のタームにおいて規定されるもので、さらにエネルギーをともなった運動方向として規定できるものだと、表現しました。

このような同時代的なアメリカ政治学の活発な導入を前提として、伊藤氏の前掲論文や画期的な著作『昭和初期政治史研究――ロンドン海軍軍縮条約をめぐる諸政治集団の対抗と提携』（東京大学出版会、一九六九年）を改めて読みなおしてみますと、活字が立ち上がってくるように、はっきりと理解できる気がします。伊藤氏は、浜口内閣及び民政党、海軍、元老及び宮中勢力、政友会、貴族院、陸軍、枢密院、平沼系、右翼、新聞、「世論」という一〇の政治集団を取りあげ、実証的分析を展開しますが、その分析枠組みは、次の二点に置かれていました。

一つめは、政治集団が、政治的争点を把握し、それに対応する際の方向づけの根底となる、自己の集団及び他の集団の歴史的位置づけ、ならびに課題についてのイメージを整理する二つの軸を設定する、と述べられています。第一の軸は「進歩―反動」と、それを逆から見た「復古―欧化」の軸となります。「進歩」をプラスイメージとして自認する集団は、自分たちと反対の集団を「反動」と呼び、「反動」と呼ばれた集団は、自己を「復古」とプラスに規定し、逆に「進歩」と自認していた集団を「欧化」と攻撃する、という構図です。ベントリイが「常に相互の集団のタームにおいて規定される」と述べていたのは、具体的にいえば以上のような構図のことです。第二の軸は「革新―現状維持」と「斬新―破壊」に置かれます。

二つめの分析枠組みは、政治集団の置かれた場における、利害を通じての対立・連携を考えるというものです。元老のネットワークや、強力な政党内閣の存在しない変動期において政治的な統合を図るためには、多数派の工作が不可欠ですが、その際、その集団の持つ、どのインタレストを提携させるかが問題となってくるからです。

さてこれまで、佐藤誠三郎氏と伊藤隆氏の著作をみてきましたが、彼らの著作が新しい知の型たりえた背景には、アメリカの政治学や社会学の方法論、前近代との連続の視点、中国との比較の視点があったといえるでしょう。

3　戦争への動機づけの変化

「ある特定の時期に、ある特定の学問の領域で、急激な認識の変化が起こるのはなぜなのか」とのフーコーの問いかけを、近代史学においての明治維新史研究の例をあげて論じてみました。しかし、この問いかけは、実は歴史の実際の実証的分析にも有効であると考えます。つまり、ある時代に生きていた人々（この場合は学者ではなく、普通の人々としましょう）が、ある事象（この場合は学問の領域における事象ではなく、歴史的事象としましょう）に対して、ガラッと態度を変えることがあるのはなぜなのか、ということを考えたいのです。戦争が国家の行なう正当な国権の発動手段であると多くの人に認められていた時代もあれば、非武装中立が文化的な国家の態度であると多くの人に認められていた時代もあります。このような態度の変化はどうして起こるのでしょうか。

本書〔義江彰夫ほか編『歴史の対位法』〕の題名も、対位法とあるくらいですから、これも一つだけ例をあげて、日本の近代において、国家が国民に戦争を決断させる、あるいは戦争をやむをえないものと考えさせる、その説得の仕方が、たとえばどのように大きく変化していくかについてご紹介しておきたいと思います。

西欧列強に対して独立を維持するという大目標が達せられるまでは、政府にとって軍拡は基本的に、すべての勢力から同意を調達できたと思われます。しかし、その際、油断することなく準備にいそしむ必要がある、との意識を不断に喚起させるのは、なかなか容易ではなかったでしょう。そこで、プロイセンの例が引証されました。たとえば、一八七四年二月一六日、ドイツ議会におけるモルトケ元帥の演説が、『内外兵事新聞』第二号に次のように引用されています（「独逸大元帥モルトケ氏兵制ノ議」一八七六年三月二〇日。カタ仮名は平仮名に直し適宜句読点を補った）。

即、千八百八年より十二年迄の戦の如き、我国の不幸にして其費す所幾多ぞや。彼の時に当り常備兵少く、兵役の期限も亦短く、軍費も亦僅少なり。而して拿破侖（ナポレオン）帝、此機に乗じ、小且貧なる普魯斯（プロイセン）より一億萬の償金を奪ひたり。是即自国の兵備を節約し、其十倍を他国の兵備に資するものと謂ふべし。

つまり、普仏戦争（一八七〇年）に勝利したプロイセン側が、一八七四年の時点になっても、一八〇八年から一二年の対仏戦争の敗北を論じ、「諸君能く内外の形勢を深察し、常徴兵四十萬一千人より減少すべきや否や且年々其入費を與ふべきや否やを速に決定せらるべし」といって、議会人に徴兵員数と予算の減額をしないように、善処を求めている様が伝えられています。さらに、一八七九（明治一二）年五月一八日の『内外兵事新聞』第一九六号と五月二五日の第一九七号には、「社

説　陸軍費用論」が載せられ、普仏戦争に敗北したフランスを教訓にして日本も軍事予算を増やすべきだとする論説を張っており、一八七四年のドイツが、一八一二年の自らの敗北を題材にした構図と同じになっています。

> 最初より、守勢を以て防禦し、遂に敗北に帰せしか故に、兵器等の損亡殊に甚しく、又焼失せし民家、或は荒暴窮民の扶助其他独逸兵隊を給養せし費用、及び独逸に清償せし金額を合算すれば、実に一百零四億「フランク」にして、即ち我二十億零八千万圓に当る。（中略）是に由て之を観れば、平時に於て連年陸軍の費額を減額して以て経済上の便益を與ふるも、一たび戦時に会すれば忽ち之を消盡す、啻に之を消盡するのみならず、或は土地を割き、或は国債を増加するに至るは、欧州各国其例鮮しとせず。商鑑遠きに非ず、又近く之を支那・朝鮮の両国に徴すべし。

ここで注目されるのは、経済への悪影響を心配して平時の軍事支出を削減しても、ひとたび戦争に敗けてしまえば、莫大な賠償金を課されるので、平常の軍事費を削減してはいけないのだ、との論理になっている点です。列強から膨大な賠償金支払いを要求された中国が弱体化したことなども痛切に想起されているのでしょう。経済・産業の発展のためとして、軍事費を惜しむことは国家の百年の計として不可、というわけです。

よく知られたように、第一次世界大戦によって、このような論理は大きく変化しました。すべての交戦国が驚愕したのは、その犠牲者の多さもさることながら、戦費調達に必要な財源の限度というものが、実はないのではないか、ということでした。一九一四年八月の開戦の時点で専門家たちは、財源の枯渇から、交戦国は二ヵ月以上にわたって戦争を継続することはできない、と判断していました。しかし実際には、交戦諸国は公債を発行し、それによってアメリカを始めとする中立国から軍需を買い付けたり、自国内の自給資源で戦いぬきましたので、表面的にはいつまでも戦争が可能なように見えました。

そして、戦後になり、次のようなことがさかんに喧伝されました。「要するに独墺の敗北はその財源の薄弱のためではなく、聯合軍の包囲、殊に海上封鎖のために原料は消耗し尽し、益々食料品は欠乏するに到り逐に潰滅するに到ったのである」（資源局『再軍備経済観』一九三四年一〇月、一九頁。同年一月にロンドンで出版された *The Economics of Rearmament* の翻訳書）との見方です。つまり、ドイツ帝国は、資金の不足ではなく、経済封鎖を受けたために敗北したというのです。

そうであれば、経済的な封鎖に対抗できるような、資源の獲得、自給自足態勢を構築しようとの努力が各国で始まりますし、一方で、戦争を防止するために、ルールを破った国に、複数の国による経済封鎖を行なう、という選択肢もクローズアップされてきます。そして軍事費と経済との関係でいえば、「産業力も亦軍備、特に戦争力を維持培養増大する直接要具」（防衛研究所戦史室著『陸軍軍需動員（一）計画編』朝雲新聞社、一九六七年、三〇頁）との概念が、日本の軍のなかでも生まれるようになります。つまり経済か軍事かという二者択一ではなくて、軍事を支える経済力、という発想が生まれたのです。

欧米諸国と比べて経済力の点で決定的に劣っていた日本では、事態はより深刻に受けとめられました。永田鉄山などの軍人が、一九二六（大正一五）年四月の時点で「欧州の総動員は人間本位であり、日本のは工業本位であるところに相違点がある」（同年四月二一日付「大阪朝日新聞」）といっていたのは、日本の場合、人的動員よりも工業動員が不可欠である、との認識のあらわれです。第一次世界大戦の際のタンネンベルグのような殲滅戦争を準備するには、長期的かつ大規模な工業動員が不可欠であるとの判断でしょう。ですから、永田鉄山が長らく陸軍の中心にいられるような状況であったならば、昭和戦前期の日本の戦争準備は、東三省や中国北部から重化学工業に必要な原料をなるべく平和裏に獲得しつつ、開発に必要な資金をアメリカ市場から調達するという路線になっていたかもしれません。

しかし、よく知られたような派閥対立の激化で永田の支配は長くは続きませんでした。このような時に、第一次世界大戦のもう一つの教訓であった「経済封鎖に勝てない国は敗北する」という原則への対応を考えた人物が登場します。石原莞爾などは、永田とは全く異なる観点を述べて、日本の準備すべき戦争のタイプとして殲滅戦争ではなく持久戦争をあげるようになります。石原が、一九二六年暮から翌年にかけて陸軍大学で講じた「欧州古戦史講義」の講義録には、次のような判断が見えます（角田順編『石原莞爾資料　戦争史論』原書房、一九九四年、四三〇頁）。

若し貧弱なる我国が百万の新式軍隊を出征せしめ莫大の軍需品を補給するものとせば年に費す所幾何ぞ。忽ち破産の運命を免るる能はざるべし。

日本の行なうべき戦争は、戦争によって戦争を養う持久戦争であって、占領地の徴発物や兵器によって出征軍が自活できると主張しています。当時の石原は、中国東北部の軍閥支配を匪賊並みの住民収奪であると判断していたようで、日本軍がこれらの軍閥・匪賊を掃討し住民を守れば、「我精鋭にして廉潔なる軍隊は忽ち土民の信服を得て優に以上の目的を達する」ことができると、きわめて単純化して見ていました。

当面ここで重要なのは、永田型の堅固な戦争準備の発想を、根本から突き崩す可能性のある、石原型の発想がほぼ同時期に生まれている、ということでしょう。堅実で合理的であるかもしれないけれど、長くて先の見えない戦争準備ではなくて、「善意」に満ちた日本軍であれば、持久戦争も可能であるという論理、アメリカが優勢な海軍力で海上封鎖を行なっても日本が大陸によって持久すれば敗北はしないとの論理は、説得の論理として、国民の意識のなかへ入っていきやすいものだったのではないでしょうか。

大平洋戦争開戦までの過程は、このようないくつかの、その時々にはきわめて説得力のあるように見えた論理に、後押しされてすすんでいったと説明することができると思います。以上、国家が国民に、戦争をやむをえないものと考えさせる、その説得の仕方の変化について見てきました。この場合、急激な認識の変化が起こるのはなぜなのか、また認識の変化に明白な差をつくりうるのはどのような根本的経験なのか、それを政治史の立場から考えていくのが筆者にとっての次の課題となるでしょう。

あとがき

本書には、一九八七年から九九年にかけて発表した論文七本と、書き下ろし三本が収録されている。書き下ろしのうち二本は、シンポジウムや学会での報告内容を書き改めたものである。初出については巻末の初出一覧をご覧いただきたい。いまだ入手可能な書籍や雑誌からの収録を快く許可された、岩波書店、国際政治学会、史学会、東京大学出版会、山川出版社、吉川弘文館（五十音順）に、まずは心からお礼申し上げる。

一番早い時期に書かれた第六章から、序章に相当する内容をもつべく最後に書かれた第一章まで、書かれた時間の隔たりは一八年の歳月となった。その間、三冊の本を世に送り出したとはいえ、筆者は結局一つの問題をさまざまな角度から考え続けてきただけのような気もする。「はじめに」で述べた譬えでいえば、歴史の闇に埋没した作者の問いに鮮やかな答えを対置させるどころか、筆者のやってきたことは、歴史の闇にわが身の時間を埋没させることだけだったのではないか。

こうした、いささか暗澹たる疑念に日々襲われながらも、四冊目の本を懲りもせず世に送り出そうとするのはそれなりの理由がある。日本という国は、為政者や国民が死活的に重要な意思決定を行なおうとする際に、類推し、想起し、依拠するに足る歴史的事例を、あまり持ってこなかったのではないか。そのような思いがある。キューバ危機の時ケネディ大統領は、第一次世界大戦勃発の最初の一ヵ月を見事に描いてピューリッツァー賞を受賞した、バーバラ・タックマンの名著『八月の砲声』を手に、戦争回避の必要性を閣僚たちに訴えた。

このエピソードに対応する日本の事例の一つは、一九四一（昭和一六）年九月六日に開かれた、「帝国国策遂行要領」に関する御前会議の席上なされた永野修身軍令部総長の発言であろう。この御前会議の歴史的意義は、アメリカとの外交交渉の期限を一〇月上旬、対米（英蘭）戦争準備完整を一〇月下旬とし、交渉に具体的な期限を設定したことにあった。杉山元参謀総長の遺した記録によれば、対米開戦へ舵を切ることに躊躇する天皇や原嘉道枢密院議長などを意識して、永野は自らの説明の最後をこう結んだ。

避け得る戦をも是非戦はなければならぬと云ふ次第では御座いませせぬ。同様に又大坂冬の陣の如き、平和を得て翌年の夏には手も足も出ぬ様な不利なる情勢の下に再び戦はなければならぬ事態に立到らしめることは皇国百年の大計の為執るべきに非ずと存ぜられる次第で御座います。

（『杉山メモ』上巻、原書房、一九九四年、三一五頁、片仮名を平仮名に改めた）

戦争を避けることも可能だと前段で述べながらも、永野発言のポイントが「同様に」以下の部分、すなわち、大坂冬の陣の故事を引くことで天皇の対米開戦決意を促す方向にあったことは疑いえない。御前会議の前日、九月五日、天皇は陸海統帥部長を召致して「外交と戦争準備は平行せしめずに外交を先行せしめよ」との一連の言葉を与えたが、その時にも永野は大坂冬の陣にふれている。傍らにいた杉山はそれを聴く天皇の様子を「御上は興味深く御聴取遊ばされたるが如し」と書きとめていた。大坂冬の陣の故事とは、一六一四年一二月二〇日の大坂冬の陣和睦の後、徳川家康が、和議の後の堅固な濠や石垣は不要であるとして大坂城の外濠だけでなく内濠をも埋めさせた後、翌年の夏再戦し豊臣家を滅亡させた経緯をさしている。大坂冬の陣の譬え話を持ち出すことで会議の雰囲気を変えられると永野が考えたのは、この故事が講談や歴史小説などによって広く世上に流布されたものだったからである。日本においては、歴史書ではなく講談や歴史小説のインパクトが国の命運を左右しもする。

九月六日の御前会議の席上においては、講談からの譬え話以外にも持ち出されたものがあった。原枢密院議長が、外交工作と戦争準備完整の関係について、外交工作を主とするつもりなのかと軍部に質したのに対して、海軍大臣は答弁したものの統帥部は答えなかった。会議の終わりにあたって天皇は、原枢密院議長の質問に答えなかった統帥部の態度を遺憾に思う旨を述べ、明治天皇の「四方の海」の和歌を引用した上で、自分は毎日この歌を拝誦していると述べ、外交工作による目的達成を暗に軍部に求めた。以上の経緯は『杉山メモ』の記述をはじめよく知られているが、ここで注目したいのは、あくまで外交交渉を主としたい天皇の意向が、明治天皇の和歌によって表現されている点である。

外交政策などの決定にかかわる者は、現在の死活的に重要な問題を処理する時には過去からの類推を行ない、未来を予測する時には過去との歴史的対比を行なう。しかし、その際、類推され、想起され、依拠される歴史的事例が、講談や和歌というかたちでしか提供されないのは不自由なことなのではないだろうか。あるいは、この先、歴史小説や大河ドラマというかたちでしか提供されないのは不幸なことなのではないだろうか。

最後となったが、一九九六年以来、筆者がその時々に発表したほぼすべての文章に目を通され、鋭い感想と的確なアドバイスを迅速に送ってくださり、常に筆者を励ましてくださった勁草書房編集部の町田民世子氏には格別の感謝の気持ちを捧げたい。町田氏は、この人が面白いと言ってくれるような原稿を書かなければならないと執筆者に思わせるような、そのような編集者の一人である。

二〇〇五年四月二五日

加藤　陽子

初出一覧

第一章　軍の論理を考える　書き下ろし

第二章　政友会における「変化の制度化」　有馬学・三谷博編『近代日本の政治構造』吉川弘文館、1993年

第三章　日露戦争開戦と門戸開放論　国際シンポジウム「World War 0 Reappraising the War of 1904–5」（東京、2005年5月23日）での報告 “The ‘Open Door’ as a Japanese Justification for War” 報告の日本語版

第四章　中国とアメリカを同時に捉える視角　「史学会101回大会公開シンポジウム　第一次大戦と世界」（東京、2003年11月8日）での報告「政治問題としての山東問題」を大幅に改稿

第五章　ロンドン海軍軍縮問題の論理　『年報・近代日本研究20　宮中・皇室と政治』山川出版社、1998年

第六章　統帥権再考　『外交時報』1235号、1987年2月

第七章　反戦思想と徴兵忌避思想の系譜　青木保・川本三郎・筒井清忠・御厨貴・山折哲雄編『近代日本文化論10　戦争と軍隊』岩波書店、1999年

第八章　徴兵制と大学　東京大学史史料室編『東京大学の学徒動員・学徒出陣』東京大学出版会、1997年

第九章　敗者の帰還　『国際政治』109号、1995年5月

第一〇章　政治史を多角的に見る　義江彰夫・山内昌之・本村凌二編『歴史の対位法』東京大学出版会、1998年

人名索引

（研究者名や小説家名にはアンダーラインを付した）

ア行

カ行

サ行

タ行

ヤ行

ラ行

ワ行

著者略歴

1960年　埼玉県に生まれる
1989年　東京大学大学院博士課程修了（国史学）
現　在　東京大学大学院人文社会系研究科教授
主　著　『戦争の日本近現代史』講談社現代新書、2002年
『戦争を読む』勁草書房、2007年
『満州事変から日中戦争へ』岩波新書、2007年
『それでも、日本人は「戦争」を選んだ』新潮文庫、2016年（朝日出版社、2009年）
『昭和天皇と戦争の世紀』講談社学術文庫、2018年（講談社、2011年）
『戦争まで』朝日出版社、2016年ほか

戦争の論理　―日露戦争から太平洋戦争まで―

2005年6月10日　第1版第1刷発行
2018年12月20日　第1版第9刷発行

著　者　加《か》藤《とう》陽《よう》子《こ》

発行者　井村寿人

発行所　株式会社　勁《けい》草《そう》書房

112-0005　東京都文京区水道2-1-1　振替　00150-2-175253
（編集）電話　03-3815-5277／FAX 03-3814-6968
（営業）電話　03-3814-6861／FAX 03-3814-6854
本文組版　プログレス・理想社・松岳社

ISBN978-4-326-24835-3　Printed in Japan

加藤陽子　戦争を読む　四六判　二二〇〇円

千葉功　旧外交の形成　日本外交一九〇〇〜一九一九　A5判　五七〇〇円

松田忍　系統農会と近代日本　一九〇〇〜一九四三年　A5判　五五〇〇円

塩川伸明　《20世紀史》を考える　四六判　三〇〇〇円

坂本多加雄　問われる日本人の歴史感覚　四六判　一九〇〇円

田中明彦　複雑性の世界　四六判　二四〇〇円

櫻田淳　奔流の中の国家　四六判　二〇〇〇円

上野千鶴子編　構築主義とは何か　四六判　二八〇〇円

道下徳威・石津明之ほか　現代戦略論　戦争は政治の手段か　A5判　二七〇〇円

＊表示価格は二〇一八年一二月現在。消費税は含まれておりません。